Roger Souvereyns im flandrischen Scholteshof

LUST AUF LÖFFEL

Rosine De Dijn

Siegfried Himmer

Photos

GEV

© 1995 by Grenz-Echo Verlag GEV - Eupen (Belgien)

Alle Rechte vorbehalten

Nach einer Idee von Roger Souvereyns

Konzept und Texte: Rosine De Dijn

Fotos: Siegfried Himmer

Rezepte: Roger Souvereyns und seine Mitarbeiter

Assistenz: Carola Reich, Susanne George

Layout: Jürgen Kryszons - Köln

Satz und Druck: Grenz-Echo Druckerei - Eupen (Belgien)

Lithographie: Gam Grafic - Herstal (Belgien)

Binderei: SVK - Sint-Niklaas (Belgien)

ISBN 90-5433-043-0

D / 1995 / 3071 /2

Gleichzeitig mit der deutschen Originalausgabe erscheinen eine französische und eine niederländische Ausgabe, ebenfalls beim Grenz-Echo Verlag GEV. Eine englische Ausgabe ist in Vorbereitung.

Nachdruck auch auszugsweise nur mit schriftlicher Genehmigung des Verlags

Printed in Belgium

Für meine Frau Walda

DER LÖFFEL UND DER KOCH

Sind sie uns wirklich schon so fern, jene Tage des Mittelalters, als der Meisterkoch, wie ein Schiedsrichter beim Tennisspiel auf seinem hohen Stuhl thronend, das Ballett der Küchenjungen dirigierte und sich die Speisen, die es zu verkosten galt, mit einem aus Buchsbaum oder Olivenholz geschnitzten Löffel anreichen ließ? Der Löffel steckte, argwöhnisch bewacht, im Gürtel des Meisterkochs.

Manch praktischer Koch nimmt heute gerne seinen Finger anstelle eines Löffels, doch ich bleibe der festen Überzeugung: Dieser Löffel ist auch heute noch unersetzlich, und sicher dann, wenn er für den Gebrauch in der Küche aus Holz gefertigt ist und weder den Geschmack verfälscht noch die Lippen verbrennt.

Doch aufgepaßt! Den Löffel kümmert das wenig. Er besitzt Status und langen Atem. Und ist sich dessen bewußt.

Einst eine hölzerne Koncha, hat der ehrwürdige Löffel sich zu einer Dynastie vornehmer Verwandter entwickelt, die sich mit Zinn, Porzellan, Email, Knochen, Horn, Elfenbein, Silber, Gold, Vermeil, Stahl, Schildpatt oder Edelstein schmückten. Zersprungene Pracht, die die Jahrhunderte säumte.

Die reine Schönheit seiner sinnlichen Linie in Form einen halben Eis, gleichzeitig konkav und konvex, Mater und Relief, verleiht ihm eine architektonische Würde, die über jede Kritik erhaben ist.

In der Küche ist der Löffel König. Er erlaubt es seinem Gefolge zu kosten, zu binden, zu übergießen, zu wiegen und zu formen - und gleich begreift man besser, zu verzieren ... Verständlich, daß er, der lange vor seiner zierlichen Cousine, der stacheligen Gabel, das Zepter in der Küche schwang, für diesen Nachkömmling nur ein herablassendes, bestenfalls wohlwollendes Lächeln übrig hatte.

Wobei der Löffel durchaus zu Scherzen aufgelegt sein kann. Haben Sie schon einmal im Spiegel seines schelmischen Auges die beinahe sadistische Freude entdeckt, die ihn erfüllt, wenn er einem plumpen Gast eine mittelmäßige Suppe einflößen mußte und dessen Magen anschließend ein bäuerliches, ja clowneskes Knurren entlockt?

Ist Ihnen schon aufgefallen, wie wenig er es mag, aus der Nähe beäugt zu werden und wie er Ihnen, wenn Sie nicht auf der Hut sind, einem entstellenden Spiegel gleich Ihr eigenes Antlitz als Abbild eines grotesken mittelalterlichen Narren vorhält?

Ob Suppe oder Mokka, ob Sauce, Kaffee oder Dessert, ob Süßspeise oder Ragout, er weiß sich immer zu benehmen, und stolz übernimmt er den Part eines Lehrers. Seine natürliche, zweckgebundene Eleganz versetzt ihn in die Lage, sowohl an einfachen wie eleganten Tafeln seine Aufgabe mit Grazie zu erfüllen.

Wer kann es ihm da noch übelnehmen, daß er sich manchmal mit den Allüren einer launischen Diva schmückt? Zieren ihn Wappen vornehmer Häuser und Blumengirlanden der Belle Epoque nicht zu Recht?

Kann man ihm heute übelnehmen, daß er sich von einem großen Koch dazu verführen ließ, eine der herausragendsten Rollen seiner Laufbahn zu übernehmen?

Welcher Löffel, frage ich Sie, würde das Angebot ausschlagen, als Star-Mannequin bei einem der berauschendsten Défilés zum Ausklang dieses Jahrhunderts aufzutreten, dessen Couturier Roger Souvereyns selbst ist?

Diva, wir brennen darauf, Sie bewundern zu dürfen!

Michel Guérard

Michel Guérard ist Frankreichs Aushängeschild der Haute-Gastronomie. In seinem Kurhotel und Restaurant „Les Prés d'Eugénie" in den Landes, werden Leib und Seele gleichermaßen verwöhnt.

Das Porträt eines Tausendsassas? Eines Jongleurs inmitten blankgeputzter Messingtöpfe, barocker Blumengebinde, erlesener Antiquitäten und des Charmes einer bescheiden-stillen Landschaft seiner flachen flämischen Heimat?

Das ist eine schwierige Aufgabe, auch wenn der begnadete Koch und Workaholic alles andere als verschlossen ist.

»Ich gebe alles preis, ich bin überschäumend und habe keine verborgenen Eigenschaften. Alles, was ich habe, gebe ich her«, sagte der Meisterkoch aus der flämischen Provinz Limburg, Roger Souvereyns, bereits in seinem Buch »Der Scholteshof in Flandern«.

Daran hat sich bis heute nichts geändert. Im Gegenteil. Der lateinische Flame sprudelt immerzu und unentwegt über vor Ideen. Und längst nicht nur in der Küche. Beschaulichkeit ist nicht seine Sache. Der Macher aus Stevoort ist immer in Bewegung, nach wie vor dem vitalen Leben, der Sinnenfreude und der Kreativität zugetan. Und das bereits seit fast einem halben Jahrhundert. Kaum einer hält Schritt mit seinem Temperament und Ehrgeiz. Die Freude an der ständigen Veränderung ist sein heimlicher Motor. In seinem Hause findet man es: das totale Erlebnis der runden Sinnlichkeit.

Roger Souvereyns hält nie den Atem an.

Wir kennen zahlreiche Sprüche und Redewendungen, in denen im übertragenen Sinn vom Löffel gesprochen wird: jemanden über den Löffel balbieren und den Löffel abgeben, mit einem silbernen Löffel im Mund geboren sein und den Löffel fallen lassen, die Weisheit mit Löffeln gefressen haben oder den Löffel aufstecken. Gibt es einen Löffelspruch, der Dir auf den Leib geschrieben ist?

Ich bin mit einem silbernen Löffel im Mund geboren, und zwar in dem Sinn, daß das Glück mit mir war. Glück ist zwar nichts Selbstverständliches, sondern man muß es sich erarbeiten, aber ich glaube trotzdem an die Koexistenz der glücklichen Komponenten. Meine Mutter legte mir übrigens zum Essen immer wieder eine Gabel hin, aber ich holte mir jedesmal schnell einen Löffel. Der Löffel hat etwas Sinnliches, Rundes, Vollkommenes. Er ist das perfekte Sammelbecken für alle Aromen. Manche essen eine Fischsuppe mit der Gabel und picken mit den Spitzen pedantisch die köstlichen Langusten- und Steinbuttstücke oder Austern aus dem duftenden Sud. Bei diesem Anblick graust es mir. Wo bleibt da der Genuß der Gesamtkomposition, der Düfte, des Geschmacks und der Wärme? Den hat man nur mit dem Löffel.

Wann hast du angefangen, Löffel zu sammeln, und welcher war deine erste Eroberung?

Das ist noch gar nicht so lange her. Zu Beginn wollte ich jeden aparten Löffel, den ich sah, sofort haben, aber meistens war er mir zu teuer. Deshalb habe ich meine Sammelwut zunächst gezähmt. Heute gebe ich auch schon mal 5.000 Mark für einen Löffel aus. Angefangen habe ich mit Reiselöffeln und Reisebestecken. Wenn ich ins Flugzeug steige, habe ich immer mein altes Reisebesteck dabei. Das Plastikzeug in den Plastikbehältern ist mir zuwider. Also bediene ich mich meines eigenen feudalen Bestecks, zum großen Erstaunen und zur heimlichen Belustigung des Bordpersonals. Meine erste wirklich wertvolle Eroberung war ein Löffel von Napoleon III.

Hast du einen Lieblingslöffel?

Nicht unbedingt. *Allerdings haben es mir die Apostellöffel angetan, die bereits zu Zeiten des kapriziösen Königs Heinrich VIII. in Mode kamen. Sie vermitteln mir einen Hauch der Mystik des Mittelalters.*

Löffelhäppchen, Aperitifhäppchen, Naschereien. Wann fallen dir diese Köstlichkeiten ein?

Im Löffel entfaltet sich die *Vollkommenheit des Produkts. So habe ich vor zwanzig Jahren angefangen, Löffelhäppchen zu servieren. Wenn ich ein Rezept lese oder irgendwo ein besonderes Gericht esse, stelle ich mir immer unbewußt die Frage, wie ich das alles zusammen in der Mulde eines Löffels vereinigen könnte. Manches muß natürlich geschnitten werden, aber man kann es eigentlich immer umsetzen. Zum Beispiel Kalbsleber mit einer pikanten Garnitur. Warum die Leber nicht fein zerkleinern, das Gemüse in winzige Würfel oder*

Stifte schneiden und diese Miniportionen in einem Löffel servieren? Sicher ist das bei mir inzwischen zu einer fixen Idee geworden. Es beschäftigt mich immer und überall. Zu meinem Entsetzen stelle ich sogar fest, daß ich meine Gäste im Restaurant energisch darauf hinweise, sie sollen doch bitte manche Gerichte einfach nur mit dem Löffel essen und in der Fischsuppe nicht mit der Gabel herumstochern! Das geht sicher entschieden zu weit. Aber ihnen entgeht so viel, wenn sie eine Gabel benutzen. Man muß Sauce oder Sud und Einlagen zusammen im Munde zergehen lassen, zusammen genießen.

Welches ist dein Lieblings-Löffelhäppchen?

Gemüseratatouille.
Gemüse ist sowieso einmalig. Vorausgesetzt, daß man es nicht kaputtdünstet oder zerkocht. Gemüse hat Flair und Leichtigkeit. Es braucht weder Fleisch noch Fisch.

Wie könnte nach deiner Vorstellung ein komplettes Löffelmenü aussehen?

Wir fangen mit einer kleinen Vorspeise an. Ein wenig Gänseleber, winzige Froschschenkel, ein Stückchen Gemüse oder etwas Fisch. Dann würde ich eine kleine »nage«, also eine Fischsuppe mit Langustinen servieren. Selbstverständlich ißt man diesen köstlichen Sud mit dem Löffel. Anschließend könnte ich mich mit kleinen Steinbutthäppchen anfreunden, sorgfältig in Würfel geschnitten und mit einer wohlschmeckenden Sauce leicht überzogen.

Als Hauptgericht würde ich Kalbsbries mit Gemüse der Saison anbieten. Dann folgten Ravioli mit frischem Ziegenkäse, und das süße Schlußlicht wäre ein wenig Milchreis auf einer frischen Aprikose.
Guten Appetit!

Früher opferten abergläubische Leute bestimmten Heiligen einen Löffel. Wem würdet du eine Opfergabe darbringen, und wofür?

I*ch bin zwar nicht abergläubisch, aber vielleicht würde ich der heiligen Rita einen Löffel opfern, der Schutzheiligen der hoffnungslosen Fälle ... Es gibt so viele Menschen um uns herum, die sich hoffnungslos verrennen oder verrannt haben. Ich würde also eine Art allgemeiner Opfergabe bringen.*

Sicher kennst du den englischen Begriff »spooning«. „Löffelst" du auch schon mal?

E*igentlich nicht mehr.*
Schließlich bin ich glücklich verheiratet, wenn es mich auch manchmal reizen würde ... Aber ich habe ja noch meine Augen.

Was ist für dich das größte Unglück?

K*ranksein.*

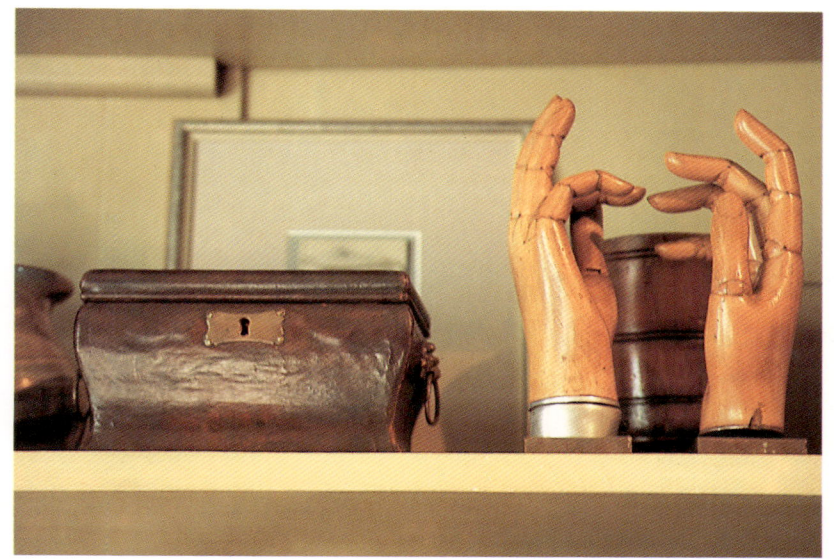

Wo möchtest du leben?

Auf einem langgestreckten Hügel in der Toskana, in einem Haus, nur erreichbar über eine lange Zypressenallee und versteckt hinter einer Mauer.

Was ist für dich das volkommene irdische Glück?

Das gibt es nicht.

Welchen Fehler entschuldigst du am ehesten?

Dummheit.

Wer ist dein Lieblingsmaler?

Joachim Beuckelaer, der große flämische Maler des 16. Jahrhunderts, der es meisterlich verstand, die sinnliche Atmosphäre rund ums Essen wiederzugeben.

Und dein Lieblingskomponist?

Mozart.

Welche Eigenschaften schätzt du bei einem Mann am meisten?

Aufrichtigkeit.

Und welche Eigenschaften schätzt du bei einer Frau am meisten?

Verständnis.

Deine Lieblingsbeschäftigung?

Kochen.
Außerdem Philosophieren über das gute Leben, und ich bin gern kreativ tätig. Das bedeutet Liebe zur Einrichtung, Architektur, Mode, zu Blumen, zum Garten usw.

Wer oder was hättest du sein mögen?

Was ich bin.
Ich bin zufrieden. Diese Tatsache ermöglichte mir vieles - Perspektiven, die sich mir sonst nicht eröffnet hätten, Menschen, denen ich nicht begegnet wäre.
Ich bin immer von außergewöhnlichen Persönlichkeiten umgeben, die sich auch etwas Außergewöhnliches gönnen und daher fast immer in Hochstimmung sind und etwas mitzuteilen haben.

Dein Hauptcharakterzug

*Ich bin zu gründlich.
Fast besessen. Ich will auch immer etwas weitergeben,
was mir selbst Spaß macht.
Das ist wohl eine Schwäche.*

Was schätzt du bei deinen Freunden am meisten?

Spontaneität.

Dein größter Fehler?

Zu fordernd.

Was möchtest du sein?

Koch.

Deine Lieblingsfarbe?

Gelb.

Deine Lieblingsblume?

Eine gelbe Rose.

Dein Lieblingsgemüse?

Porree, und zwar in jeder Saison anders zubereitet, weil er dann jeweils ein anderes Aroma und eine andere Farbe hat.

Dein Lieblingsgericht?

Schmortopf oder Ragouts mit Lammfleisch, Huhn, Kaninchen usw. Das Gericht sollte zwar herzhaft und volkstümlich zubereitet, aber nicht verkocht sein.

Deine Ängste?

Nicht mehr über die Kraft zu verfügen, am nächsten Morgen wieder aufs neue anzufangen.

Warum ein Löffelbuch? Liebst du Bücher besonders?

In Büchern finde ich das Gedankengut und die Gefühlswelt anderer Menschen wieder. Das fasziniert mich. Das geschriebene Wort hat etwas Ausgewogenes, während das gesprochene Wort oft unbeholfen ist.

Welchen Traum möchtest du noch verwirklichen?

Das kann ich nicht beantworten. Man hat nie alles erreicht. Man sucht immer weiter nach Perfektion. Das hört nie auf. Ich habe noch sehr viele Visionen, weiß aber, daß ich sie nicht mehr verwirklichen kann. Ich bräuchte also ein zweites Leben. Bis man sein erstes Leben in eine gewisse Form gegossen hat, ist es schon halb vorbei. Man sieht bereits das Ende. Sollte ich also noch dies oder jenes tun? Einen Garten anlegen? Werde ich noch sehen, wie die Bäume in die Höhe gewachsen sind?
Man stellt sich doch eher die Frage: Ist das für mich noch von Bedeutung?
Ein zweites Leben wäre tatsächlich die Lösung. Ob es ein Traum ist, weiß ich nicht.

Was hättest du sein wollen, wenn du nicht der Herr vom Scholteshof geworden wärst?

Ein Koch in der Kunst und ein Künstler beim Kochen.

Der vielseitige Herr der noblen Landherberge zauberte in der flandrischen Provinz Limburg, von manchen das Aschenbrödel des kleinen belgischen Königreichs genannt, mit seiner üppigen Gartengestaltung höfische Atmosphäre und Eleganz.

Mit unendlicher Geduld hat Roger Souvereyns inmitten der flachen Landschaft sein Labyrinth wachsen lassen, bis ihm die Koniferen endgültig über den Kopf wuchsen. Wenn einem der Sinn danach steht, kann man sich nun im Scholteshof hoffnungslos verirren.

Im Garten laden Schmuselauben zum Sinnieren oder zur Einkehr ein. Die morbid angehauchte Schönheit schaut müde lächelnd in den Tag hinein: steinerne Anmut in einer unprätentiösen Landschaft.

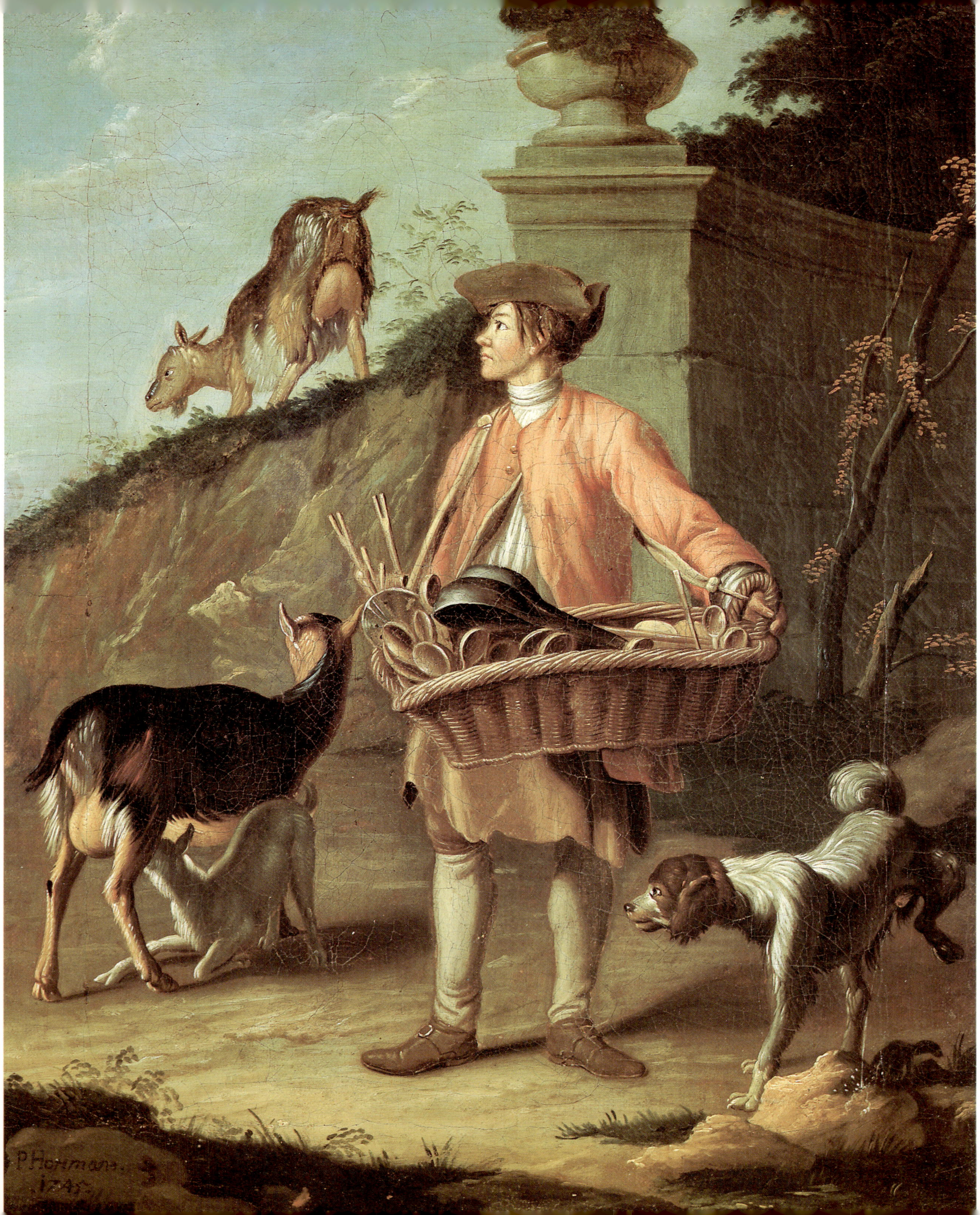
1745

Darf ich Ihnen noch einen Löffel geben?« lautet die stete Frage der um den Gast bemühten Hausfrau.

»Da kann eine Gabel eigentlich nur noch verstummen«, meint Peter Nickl in dem Buch »Herbei, herbei, was Löffel sei ...« Zwar behauptet das weise Sprichwort: »Besser ohne Löffel als ohne Brei«, doch der Mensch hat es sich schon seit ewigen Zeiten, auch wenn er über Jahrtausende und in manchen Regionen noch heute zum Essen die Finger benutzt, nicht nehmen lassen, seinen Löffel aus Stein zu meißeln oder später aus Holz zu schnitzen, ihn liebevoll mit kostbaren und aufwendigen Verzierungen zu schmücken, zum treuen Reisegefährten zu machen und ihm eine gehörige Portion symbolische Kraft zu verleihen.

»Er hat den Löffel«, meinen Opa und Oma, die Patentante und die stolzen Eltern, wenn der Nachwuchs wächst und gedeiht und sein junges Leben meistert. Und zumindest ohne materielle Sorgen verspricht der zu sein, der »mit dem silbernen Löffel im Mund geboren ist«. Abergläubige drücken vorsichtshalber dem Neugeborenen gleich einen Löffel in das winzige Fäustchen, um den Göttern ein Schnippchen zu schlagen und dafür zu sorgen, daß es zeitlebens gegen Hunger gefeit bleibt. Ein Menschenkind, das »den Löffel ergriffen hat«, wird mit Tatkraft sein Leben in die Hand nehmen. Und noch etwas steht fest: Wer den ersten Löffel der Morgensuppe nimmt, wird das Regiment führen; wer aber den Löffel als erster hinlegt, wird als erster sterben ... Schöne Aussichten.

Erst dann, wenn der Mensch schließlich »den Löffel abgibt«, ist der ganze Spuk vorbei.

Bis ins 18. Jahrhundert hinein nannte man den stürmischen Verehrer »Löffler« und sein Liebeswerben »Löffeln«. Im Englischen spricht man noch heute vom »spooning«.

Als Minnegabe sollte der werbende junge Mann seiner Angebeteten Löffel überreichen, möglichst verziert mit herzigen Liebessymbolen, ineinander verschlungenen Tierpaaren oder eingravierten Sinnsprüchen.

Falls er seine Liebste tatsächlich zum Altar führen darf, sollte er aber nicht vergessen, am Morgen des Hochzeitstages mit ihr eine Suppe zu löffeln, denn die jungen Eheleute müssen spätestens ab dann demonstrieren, daß sie die Suppe, die sie sich eingebrockt haben, in Zukunft auch gemeinsam auslöffeln werden. Erst dann, sagt der Volksmund, wird die Ehe glücklich und ohne finanzielle Probleme sein.

Man muß es wissen: Gäste sollen um Gottes willen keine Löffel als Hochzeitsgeschenk mitbringen. Denn dann steht es schlecht um die Ehe. In manchen Gegenden wird der Löffel, mit dem die Braut dreimal Suppe genommen hat, zerbrochen und in den Festsaal oder aus dem Fenster geworfen, damit sie in ihrer jungen Ehe und vielleicht auch neuen Heimat bloß nicht an Heimweh leiden wird.

Hochzeitslöffel haben eine lange Tradition. Sie wurden mit zierlichen Symbolen der Liebe und der Treue bemalt. Nicht selten war auf den Löffeln das Brautpaar oder auch ein Wickelkind abgebildet und der Stiel geschmückt mit Symbolen der Lebenserwartung und Fruchtbarkeit wie einer Pflanzenknospe, einem Strauß oder Baum. Wenn aber die ganze Beschwörung wider Erwarten nichts nützte und der Kindersegen ausblieb, mußte sich das bedrückte Ehepaar mit dem gesamten Besteck der ersten häuslichen Mahlzeit auf Wallfahrt zu dem Patron oder der Patronin der Fruchtbarkeit begeben. Bringen doch Opferlöffel Heil und Segen.

Für den Fall, daß der Haussegen einmal schief hing, sollten die zerstrittenen Ehepartner, ausgestattet mit einem Doppellöffel, zusammen in einen Raum gesperrt werden. Denn die zwingende Notwendigkeit, die Suppe gemeinsam mit einem Löffel schlürfen zu müssen, konnte, so der Volksglaube, das Paar wieder zur Vernunft bringen. Warten wir's ab.

Sprichwörter und Redewendungen um den Löffel sind alt und zahlreich und tief im Aberglauben verwurzelt. Wer »den Löffel aufstecken« durfte, und zwar auf das damals dafür bestimmte Löffelbrett in der Wohnküche, gehörte zur Familie. Wer Heim und Hof verließ, nahm wenigstens einen Löffel mit, damit ihm der Abschied nicht allzu schwer fiel und er später nicht von einem fremden Löffel speisen mußte. Falls letzteres doch unausweichlich war, galt es nicht zu vergessen, vorher dreimal in ihn hineinzublasen, denn andernfalls würde er den bösen Mund bekommen ...

Den Löffel sollte man möglichst auch nicht verkehrt herum, das heißt mit der Höhlung nach oben, auf den Tisch legen, denn dann essen andere mit, oder man gibt zu verstehen, nicht satt geworden zu sein, oder aber man wird in der Todesstunde mit weit aufgesperrtem Mund daliegen. Bleibt bei Tisch ein Löffel unbenutzt, so ißt der Teufel mit ... Der Volksmund weiß alles.

Der Löffel ist das älteste »Besteckteil«, wenn man ihn überhaupt zunächst so nennen darf. Genaugenommen ist er die Nachbildung der hohlen Hand oder der zusammengefügten beiden Hände, aus denen man trank. So liest man es zumindest in jeder Kulturgeschichte. Muscheln, Schneckenhäuser, Knochen von Tieren, die wie Gelenkpfannen aussehen, Schalen großer Früchte und ähnliches waren die Löffel der frühen Steinzeitmenschen. Erst die jüngere westeuropäische Steinzeit brachte künstliche Löffel hervor, die aus Holz oder Bein geschnitzt wurden. Vielleicht ist das schmale, aus einem Röhrenknochen gearbeitete Stäbchen, mit dem man aus den Knochen der Tiere das Mark lösen konnte, eine erste Variante des Löffels. Das indogermanische Wort »Löffel« deutet noch auf seine alte Funktion oder seinen Ursprung hin. Im Lateinischen bedeutet »cochlear« sowohl Löffel als auch Schnecke, Schneckenhaus und Muschel, und im griechischen »kochliarion« steckt das Wort »kochlos«, das ebenfalls Schnecke bzw. Muschel heißt. Das französische Wort »cuiller« oder »cuillère« stammt eindeutig von dem lateinischen »cochlear«. »Lingula« oder »ligula« ist die Verkleinerungsform von »lingua«, die Zunge, und bedeutet ebenfalls Löffel. Mit der Zunge berührt man die Laffe des Löffels. Das erklärt alles. Das heutige deutsche Wort »Löffel« geht auf ein germanisches Lehnwort zurück. Im Althochdeutschen heißt der Löffel »leffil«, im Altsächsischen »lepil«, und als gotische Form gibt es »lapins«. Man vermutet, daß das Wort von der germanischen Wurzel »lap« (= trinken, lecken oder schlürfen) abgeleitet wurde. Es könnte, so sagen die Sprachwissenschaft-

ler, mit dem lateinischen Wort »lambere« (= lecken) in Verbindung stehen. Das englische Wort »spoon« und das altnordische »spaan« oder »sponn« erinnern an das deutsche Wort »Span«. Schließlich wurden die ersten Löffel ja auch aus einem Holzspan gefertigt.

In Ägypten waren bereits um 5000 v. Chr. Löffel aus Holz oder Stein in Gebrauch. Auch die Sumerer und Babylonier benutzten Löffel, von den Chinesen ganz zu schweigen.

Ob Esau, der Sohn Isaaks, der seinem Bruder Jakob das Erstgeburtsrecht abtrat, bereits mit einem Löffel den entscheidenden Teller Linsensuppe aß, steht in der Bibel nicht geschrieben. Es ist jedoch historisch belegbar, daß die Assyrer schon damals über bronzene und kupferne Löffel verfügten, während man im griechischen Sparta die berüchtigte schwarze Suppe und im plebejischen Rom so manches einfache Gericht wie Brei und Mus noch mit den Fingern aß oder die Schüssel an den Mund führte.

Die römische Oberschicht gab sich da schon vornehmer. Die bei Ausgrabungen gefundenen Silber- und Goldlöffel mit reichverziertem Griff oder auch diejenigen aus Eisen und Bronze mit stabförmigen, kurzen Griffen und kleinen, runden Laffen hatten allerdings nicht den Zweck, sich Brei oder Suppe einzuverleiben. Sie waren wohl eher zum Vorkosten gedacht, zum Verteilen von kleinen kostbaren Delikatessen oder zum Auslösen von Schnecken und Austern. Die zierlichen Löffel dienten auch dazu, Speisen mit wertvollen Essenzen zu beträufeln oder Arzneien zu dosieren.

Und die Germanen? Ein wilder Haufen? Mag sein. Sie lehnten sich nicht wie die dekadenten Römer philosophierend zurück und schlemmten Flamingozungen und Pfauenhirne, bis ihnen übel wurde, sondern lagen bekanntlich auf der Bärenhaut und benutzten zum Verzehr der Fleischbrocken aus Prinzip nur Messer, mit denen sie angeblich auch ihre Bärte stutzten.

»Das Messer ist ein Werkzeug der Tatkraft und des Mutes, die Waffe kühnen männlichen Geistes. Sein Gebrauch ist gleichbedeutend mit einem Angriff auf das Objekt. Der Gebrauch des Löffels entspringt einer ganz anderen inneren und äußeren Lage. Seßhafte Ordnung ist in ihm abgespiegelt, in der die Frau am Herde waltet und bestimmt, was die Kelle gibt und der Löffel empfängt, und in der sie die Sitte des Hauses lehrt.« So schreibt Margot Aschenbrenner in ihrem

33

Beitrag »Wie haben wir den Löffel?«. Das haben die alten Germanen noch nicht gewußt.

Sie bewirteten, so erzählt es die Überlieferung, ihre Gäste an kleinen niedrigen Tischen mit Vertiefungen, aus denen sich alle Hungrigen hemmungslos mit den Händen bedienten. Nach Beendigung des urigen Mahles ließ man die Tische wegbringen. Angeblich findet hier die Redensart »die Tafel aufheben« ihren Ursprung.

Während der gesamten Frankenzeit wurde der Brei mit hölzernem Löffel und aus einer gemeinsamen Schüssel gegessen. Bis zur Jahrtausendwende waren Gemüsemischmasch, Hülsenfruchtpampe und eine Art Brotpudding die wichtigste Nahrung der armen Landbevölkerung.

Im Mittelalter und noch bis weit ins 16. Jahrhundert hinein begnügte sich der einfache Mann, der von einem Holzteller aß, mit einem ebenfalls aus Holz geschnitzten Löffel. Seine Molke schlürfte er aus dem irdenen Topf oder aber der langstieligen Kelle, mit der am Herd gerührt wurde.

Manch ein Bursche besaß einen eigenen hölzernen Speiselöffel, den er immer bei sich trug, sei es am Gürtel oder am Hut. Wer es sich leisten konnte, ließ sich dieses Eßgerät aus Buchsbaumholz schnitzen und den Stiel in Silber fassen. Ein Wissenschaftler namens Milojcic machte 1968 eine Art historische Löffelbestandsaufnahme und wies im nordwest- und mitteleuropäischen Raum insgesamt 369 Silberlöffel aus spätkaiserlicher und merowingischer Zeit nach. Die meisten dieser wertvollen Löffel wurden aber nicht als Tafelschmuck oder Reiselöffel benutzt, sondern dienten ausschließlich kultischen und sakralen Zwecken. Die wenigen Eßlöffel gehörten der reichen Oberschicht und kamen nur bei einem Festmahl zum Kosten von delikaten Saucen auf den Tisch.

Was die Benutzung des Löffels anbelangt, hinkte das abendländische Mittelalter deutlich hinterher. Zur selben Zeit herrschte im arabisch-islamischen Raum bereits ein regelrechter Löffelkult.

Die erste schriftliche Erwähnung von Silberlöffeln stammt aus dem Jahre 1259 und findet sich in England. Betrachtet man jedoch das Inventar eines fürstlichen Haushalts, so war nur von Bedeutung, welchen Silbergehalt ein Gegenstand besaß und wieviel er wert war. Von der Schönheit oder der Form der Silberarbeiten und der Silberlöffel war damals noch keine Rede.

Zur Ritterzeit spielte der Löffel übrigens auch nur eine untergeordnete Rolle. Der hartgesottene Burgherr lud zur abenteuerlichen Jagd und ritt mit seinen Gästen und dem adligen Gefolge durch die eigenen wilden Wälder. Anschließend bogen sich die Festtafeln unter den üppigen Fleischgerichten. Suppen und Saucen wurden aus Tellern oder Schüsseln getrunken oder aus Kellen geschlürft. Auf das »Vorschneiden« kam es an und auf die prachtvollen scharfen Messer. Diese höfische Kunst beherrschten die Edelleute perfekt. Das war Ehrensache. So ganz neu war es allerdings nicht. Bereits die Römer kannten den professionellen Vorschneider, der zum Ergötzen der Tafelnden ganze gebratene Tiere, vor allem Wild und Geflügel, auf elegante Weise zerlegte. Das Zeremoniell des Tranchierens stammt ursprünglich aus dem Orient. Wie dieser Brauch ins abendländische Mittelalter gelangte und hier das Hofzeremoniell um eine Attraktion reicher machte, weiß keiner genau. Zuerst führten die Venezianer und Spanier diese noble und natürlich dem Manne vorbehaltene Kunst vor. Der französische Hof ließ sich dieses Schauspiel nicht nehmen, und alsbald avancierten dort die Vorschneider zu angesehenen Persönlichkeiten, um deren Gunst man warb. Damals brachte jeder Gast sein eigenes Eßbesteck mit. Man bewahrte es gewöhnlich in einem Lederfutteral auf, das außer einem oder zwei Messern einen Pfriem sowie einen Zahnstocher enthalten konnte, der manchmal am oberen Ende mit einem Ohrlöffelchen versehen war.

Das Messer gehörte, nebenbei bemerkt, sogar zum festen Bestandteil der Kleidung und war unpfändbar.

Trotz des Messerkults kamen ab dem 14. Jahrhundert allmählich auch silberne Löffel in Mode. Sie wurden aber immer noch weniger zum Essen als für kultisch-rituelle Zwecke benutzt. In Anbetracht ihrer symbolischen Bedeutung waren sie oft kostbar ausgestattet. Es gab Weihrauchlöffel und Löffel zur Darreichung des Abendmahls, Hostien-, Tauf-, Hochzeits- und Krönungslöffel. Der wahrscheinlich aus dem 12. Jahrhundert stammende, im Londoner Tower aufbewahrte Krönungslöffel ist eines der schönsten erhaltenen Exemplare und wurde nicht weniger als siebenhundert Jahre lang bei der Krönung englischer Könige für das Salböl verwendet.

Ebenfalls in England tauchten im 14. Jahrhundert die sogenannten »Maidenheadspoons« auf, deren Griff die Büste der Jungfrau Maria zeigte. Wie es einer von der Religion beherrschten und bis in die intimsten Strukturen vom Glauben durchdrungenen Gesellschaft entsprach, wurden auf den Löffeln oft winzige Figuren abgebildet, die der religiösen Vorstellungswelt entstammten. Löffel mit alttestamentarischen Gestalten, aber auch Heiligenfiguren wie den zwölf Aposteln oder der Christusfigur waren damals typische Geschenke. Apostellöffel gehörten auch zu den Neujahrsgaben des Hochadels für den berüchtigten englischen König Heinrich VIII., der damit sicher seine zahlreichen Frauen beglückte...
Ein weiteres kostbares Material, aus dem man Löffel fertigte, war Elfenbein, dessen Einfuhr jedoch Anfang des 15. Jahrhunderts durch die politische Situation in Nordafrika erschwert wurde. Nun mußten für die kunstvollen Schnitzereien Bein und Röhrenknochen einheimischer Pferde und Rinder herhalten. Da man ihm wundersame Kräfte nachsagte, war auch das Horn des Einhorns für Löffelschnitzereien sehr begehrt, das natürlich, wie sollte es anders sein, nicht von dem Fabeltier, sondern vom Narwal stammte.

Später erfreuten sich mythologische und allegorische Figuren großer Beliebtheit. Menschliche Tugenden wurden in Silber »umgesetzt« oder auch in Elfenbein geschnitzt, des weiteren Karikaturen von Bauern und Handwerkern sowie Symbole ihrer Zünfte. Scherenschleifer- und Schiffersgilde, die Zimmerleute und Dudelsackpfeifer, alle hatten ihren eigenen Löffel. Andere Zeiten, andere Sitten. Der Geist der Renaissance ging auch an der Tafelkultur nicht unbemerkt vorbei. Man trieb emsig Handel mit den Mittelmeerländern und dem

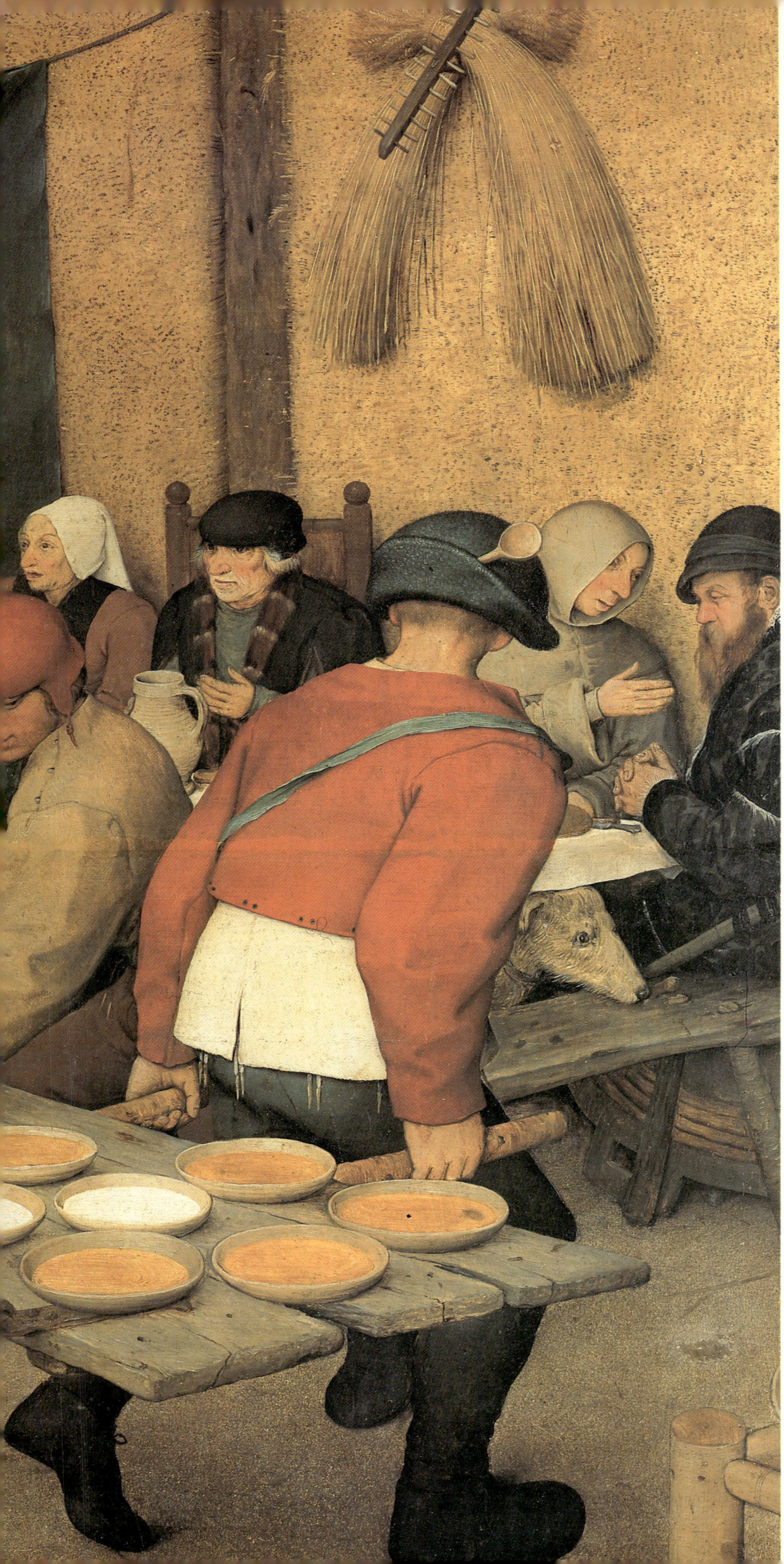
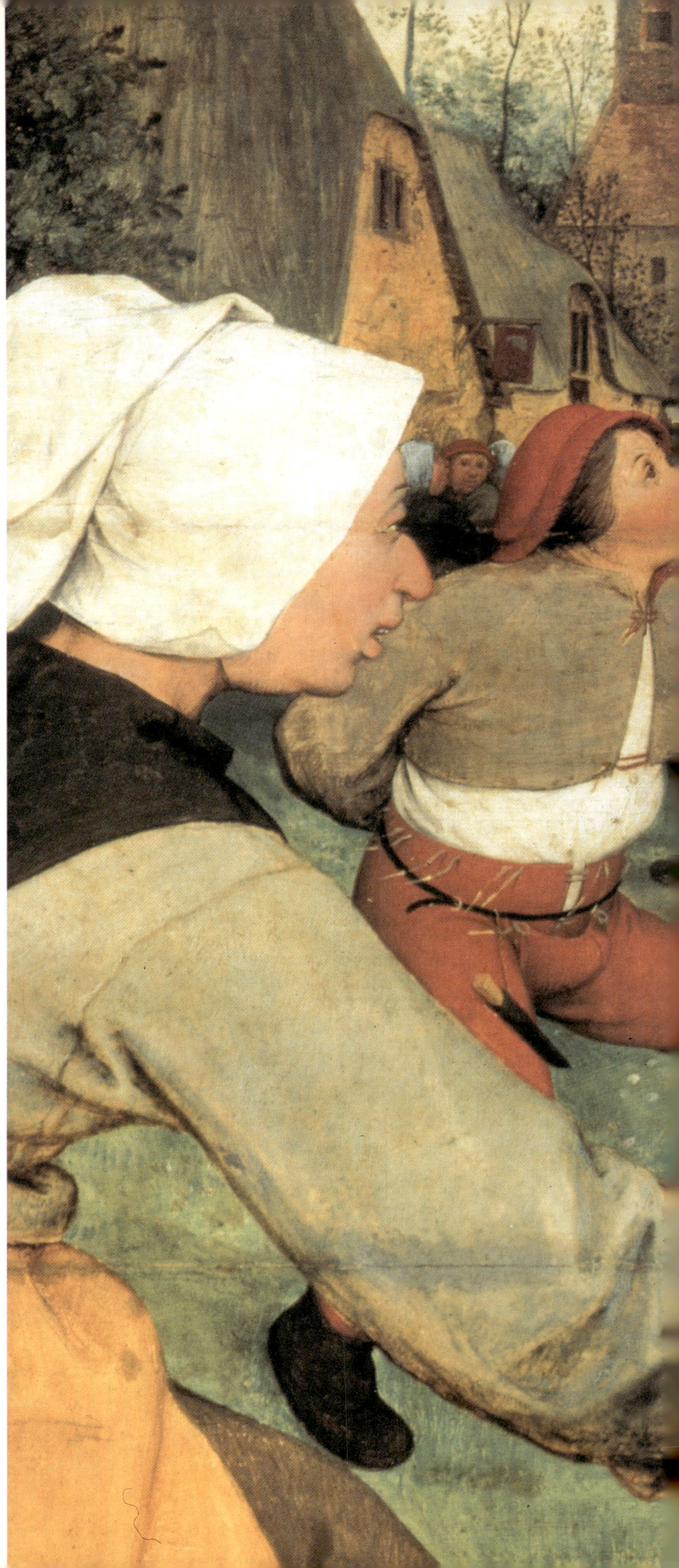

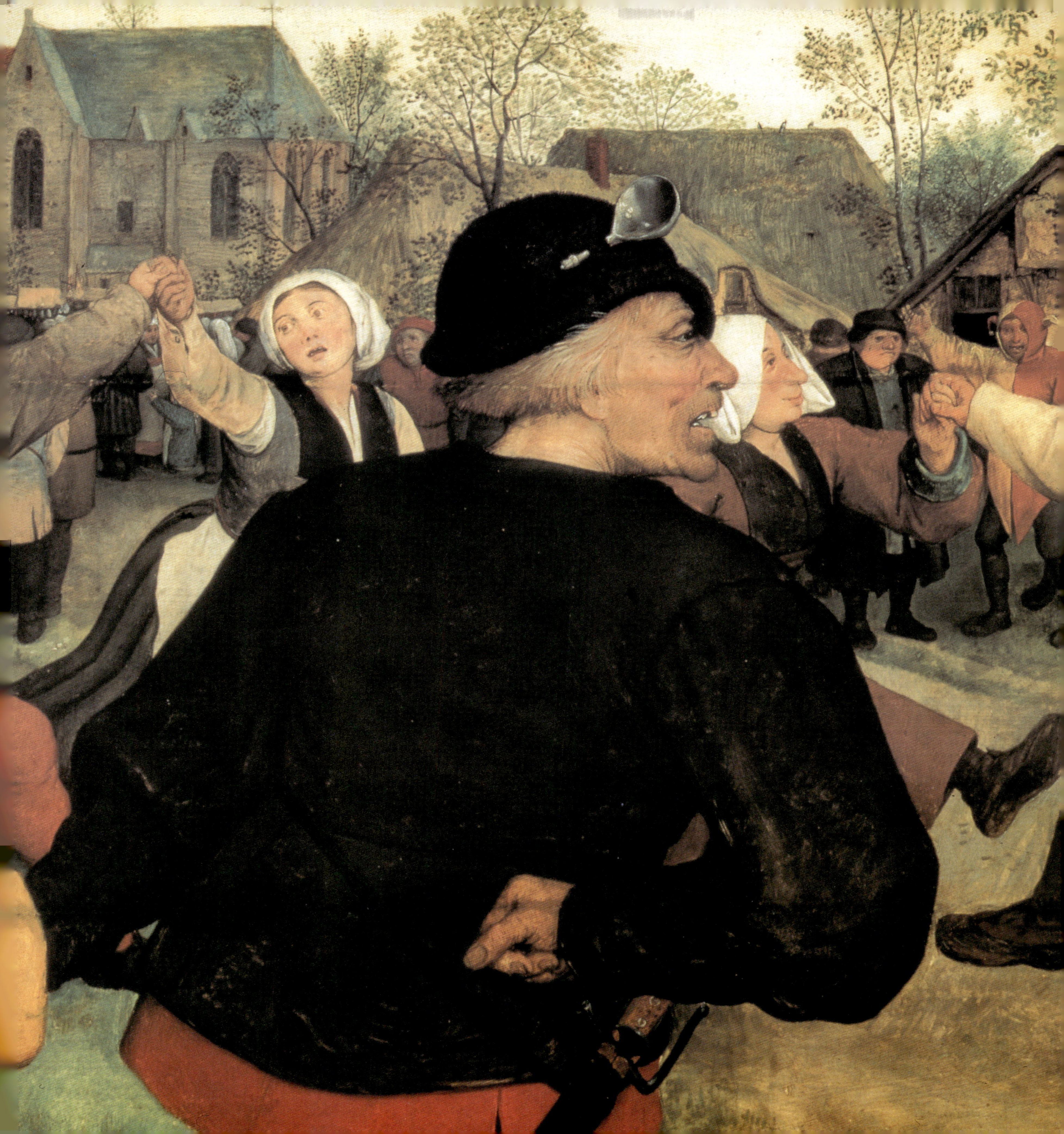

Orient, mit dem Baltikum und England. Die Entdeckungsreisenden Christoph Kolumbus und Vasco da Gama hatten längst neue Horizonte eröffnet. Über flämische Häfen wurden Bordeaux-Weine angeliefert, die großen Handelshäuser der Städte Regensburg, Nürnberg und Augsburg, Venedig, Mailand und Antwerpen belieferten das Binnenland mit exotischen Meeresfischen, betörenden Weinen, süßen Früchten, Kardamom, Muskatnüssen, Ingwer, Nelken, Mandeln und Oliven. In den Häfen duftete es nach Myrrhe und Safran. Man gab sich pikanten Gaumenfreuden und sinnlich-überschwenglicher Geselligkeit hin.

Und ganz neu: man sprach von Tischsitten.

Im 13. Jahrhundert schrieb Fra Bonvicino da Riva noch: »Du darfst dir weder mit den Fingern in die Ohren noch mit den Händen an den Kopf fahren. Der Mann, welcher ißt, darf sich nicht reinigen, indem er mit den Fingern an irgendeiner schmutzigen Stelle kratzt.« Schließlich wurde damals nur mit den Fingern gegessen.

In der Renaissance sah man alles ganz anders. Kein Geringerer als der berühmte Humanist Erasmus von Rotterdam schrieb ein sogenanntes Anstandsbuch, das 1530 unter dem Titel »De civilitate morum puerilium« (»Über die kindlichen Sitten der Gesellschaft«) erschien. Er bemängelte in diesem Werk die immer noch verbreiteten Tisch-Unsitten der damaligen Zeit. »Man soll das Stück, das man schon im Mund gehabt hat, nicht wieder in die allgemeine Schüssel legen. Spucke nicht auf oder über die Tafel. Mach deine Zähne nicht mit dem Tischtuch sauber. Schlaf nicht bei Tisch ein. Es ist wenig schicklich, die gemeinsame Schüssel zu drehen, damit die besten Stücke an dich kommen. Die fettigen Finger abzulecken oder am Rock abzuwischen, ist unzivil. Man nimmt dazu besser Tischtuch oder Serviette.«

Im Jahre 1560 erwähnte ein Zeitgenosse, daß es Brauch sei, jedem Tischgenossen seinen eigenen Löffel zu lassen, und noch etwas später bürgerte es sich in vornehmen Kreisen ein, die Suppe nicht mehr aus einer gemeinsamen Schüssel zu löffeln, sondern aus dem eigenen Teller und mit dem eigenen Löffel. Statt gebrauchte Löffel wieder in den gemeinsamen Topf zu legen, säuberte man sie nun entweder vorher oder nahm einen neuen. Kultiviertes Verhalten war angesagt.

Der französische Schriftsteller Michel de Montaigne, der unter der Regentschaft der Maria von Medici lebte und wirkte, schrieb erstaunt in sein Reisetagebuch, bei den Schweizern gäbe es immer so viele Löffel, wie Leute am Tisch säßen.

So änderten sich allmählich die Formen, was dem berühmten französischen Essayisten des 16. Jahrhunderts nur recht war, denn Montaigne war trotz seiner ausgeprägten moralischen Grundhaltung ein Epikureer, ein Anhänger des Lebensgenusses und der Eleganz. Er liebte es, üppig zu speisen wie seine Regenten Heinrich IV. und Maria von Medici, die das gute Leben ebenfalls nicht verschmähten. Von Heinrich IV., dessen Ausspruch »Paris ist eine Messe wert« um die Welt ging, stammt übrigens das berühmte »Huhn im Topf«, das sicher mit dem Löffel gegessen werden konnte.

Tonangebend für Lebensart und Lebensstil im späten 15. und beginnenden 16. Jahrhundert waren die »Bourguignons«, die Herzöge von Burgund, denen Begriffe wie Zurückhaltung und Bescheidenheit offensichtlich fremd waren. Venezianer, Florentiner, der kaiserliche Hof in Wien und alle anderen europäischen Höfe versuchten diesen französischen Lebenskünstlern nachzueifern. Bereits im 15. Jahrhundert, anläßlich der Hochzeit Karls des Kühnen mit Margareta von York im Juni 1468, die im idyllischen Damme bei Brügge stattfand, wurde alles aufgefahren, was Küche und Keller zu bieten hatten. Das goldene und silberne Tafelservice mit Gefäßen, die wie Boote geformt waren, strahlte auf der prunkvollen Festtafel. Es gab so viele silberne Saucieren wie Gäste. Begabte Küchenmeister wurden hofiert und genossen hohes Ansehen.

Zu dieser Zeit wurden auch die ersten gedruckten Kochbücher herumgereicht, die an die Höfe der verwöhnten Fürsten, Grafen und Barone als auch in die Häuser so mancher Patrizier einen Hauch von Internationalität brachten. Die koketten Damen am französischen Hof bedienten sich von nun an eines speziellen, aus Gold und Silber gefertigten und mit Edelsteinen besetzten Bonbonlöffels. So bekam Madame beim Naschen keine klebrigen Finger.

In den Bestecksammlungen des Warschauer Nationalmuseums befindet sich der Löffel, der angeblich Diane de Poitiers, der berühmten Mätresse Heinrichs II., gehörte. Laffe und Stiel dieses Kleinods sind ganz in Bergkristall gearbeitet.

Die Fürstenhäuser des 16. Jahrhunderts überboten sich gegenseitig an Pracht und Prunk, und die reichen Patrizier in den florierenden Städten zogen mit. Antwerpen, flandrische Hafenstadt mit Fortune, war bereits im Mittelalter Diamantenzentrum. Im 16. Jahrhundert ließen sich dort auch berühmte Gold- und Silberschmiede nieder. Gleichzeitig zeichnete sich vor allem in den süddeutschen Reichsstädten ein einzigartiger Aufschwung des Gold- und Silberschmiedehandwerks ab. Augsburg und Nürnberg wetteiferten miteinander in der Gestaltung kostbaren Tafelsilbers. So entstanden nicht zuletzt unter italienischem Einfluß die schönsten Besteckformen. Es wurde graviert, emailliert, getrieben und gegossen. Man genoß seine Tafel...

Gegen Ende des 16. Jahrhunderts waren vor allem in Deutschland und den Niederlanden bedeutende Kupferstecher tätig, die Entwürfe für kostbare Bestecke lieferten. Berühmt sind die Löffelentwürfe von Albrecht Dürer und Heinrich Aldegrever.

Der aus Lüttich stammende Theodor de Bry entwarf Griffmuster mit aufwendigen Durchbruchsarbeiten, und Crispin de Passe d.Ä., der seine Heimat Seeland verließ und nach Amsterdam ging, schuf Muster mit Figuren und Laubwerk. Die Entwürfe dieser Künstler aus den Niederlanden fanden als Musterblätter und -bücher große Verbreitung und beeinflußten die Ornamentik in Westeuropa.

Der stolze Bürger und reiche Kaufmann bestellte Besteck aus purem Gold, vergoldete oder mit Gold verzierte Stücke, mit teuren Steinen besetzt, aus Koralle, Bergkristall, Elfenbein oder Perlmutt. Löffel, von hervorragenden Kunsthandwerkern angefertigt, wurden oft als wertvolle Meisterstücke gehandelt. Jeder reiche Patrizier, der auf sich hielt, erwarb Silberlöffel, die zu den ebenfalls silbernen Servierplatten und Trinkgefäßen paßten. Das gehörte zum guten Ton. Testamente aus jener Zeit erzählen vom Reichtum und Überfluß der selbstbewußten Städter des 16. und 17. Jahrhunderts. Die Erben wußten manchmal gar nicht wohin mit den vielen Silberlöffeln. Dieser Familienbesitz war aber auch, wenn nicht sogar vorrangig, ein Statussymbol.

Was die Gestaltung des kostbaren Bestecks angeht, gab es regionale Unterschiede. Nicht überall liebte man den puren Silberlöffel. In manchen Gegenden ließ man zwar den Löffelstiel aus Silber anfertigen, die Laffe dagegen wurde aus dem als sehr vornehm geltenden Buchsbaum oder dem noch edleren Ebenholz geschnitzt.

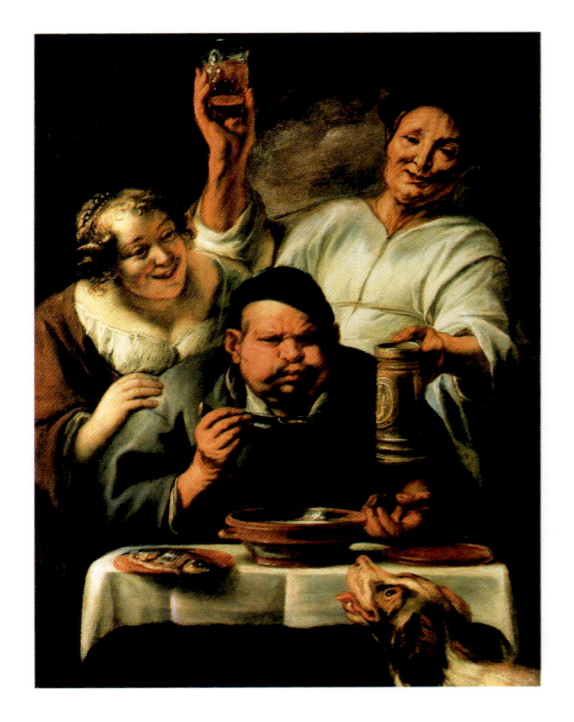

Bis ins 16. Jahrhundert hinein wurde übrigens bei festlichen Mahlzeiten keine dünne Suppe gereicht. Der Löffel diente daher immer noch lediglich dazu, Speisen mit köstlichen Saucen zu begießen oder den Nachtisch zu kosten.
Für das tägliche Brei- oder Suppengericht nahm man nach wie vor, und noch sehr lange, den Holzlöffel zur Hand.

Praktisch war er übrigens nicht gerade, der verzierte, gedrechselte Silberlöffel mit kurzem Stiel. Aber das mußte dieses Sinnbild für Wohlstand, Geschmack und Standesbewußtsein auch nicht unbedingt sein.
Bis sich die Kleidermode einmischte ... und der Stiel allmählich immer länger wurde.
Die eindrucksvollen Porträts des niederländischen Malers Cornelis van der Voort, der Anfang des 17. Jahrhunderts die distinguierten Damen und Herren des reichen Amsterdamer Großbürgertums malte, oder die Hochzeitsbilder und das »Festmahl der Offiziere der St. Joris-Schützen« von Frans Hals geben Aufschluß darüber, wie man sich damals kleidete. Sie waren reich, allesamt, diese Kaufleute in Haarlem, Rotterdam, Utrecht und an der Amstel. Im Amsterdam des »Goldenen Jahrhunderts« wurden in den Kontoren an den Grachten das Gold und Silber für ganz Europa verkauft. Die Zahl der Handelsschiffe, die unter holländischer Flagge fuhren, war größer als die der englischen und französischen zusammen.
Aber wie schafften es die wohlgenährten holländischen Großbürger, den Löffel ohne zu kleckern über die »spanische Kröse«, diese schreckliche Halskrause, zum Mund zu führen?
Die Verlängerung des Stiels war unausweichlich. Möglicherweise dienten dabei türkische Löffel als Vorbild, denn diese fand man schon früher, und zwar bereits Anfang des 16. Jahrhunderts, des öfteren in vornehmen Haushalten, wie zum Beispiel der Nachlaß der Helena Schlauderspach in Nürnberg aus dem Jahre 1554 beweist.

Nicht nur die Kleidermode, sondern auch neue Konventionen bewirkten die Formveränderung des Löffels. Denn in gehobenen Kreisen wurde nun der Löffelstiel nicht mehr mit der ganzen Faust ergriffen, sondern man versuchte ihn elegant mit dem Daumen und drei Fingern zu halten.
Des weiteren spielte es eine Rolle, daß die Gabel nun auch salonfähig wurde und zusammen mit dem Löffel beim fest-

lichen Gelage den Tisch zierte. Die Frau des Dogen Domenico Silvo aus Venedig, eine byzantinische Prinzessin, soll, so wird behauptet, die umstrittene »Forca« aus dem Orient mitgebracht und in Italien eingeführt haben.

Bis 1700 hatte man die Benutzung einer Gabel milde belächelt. So tat Luther damals kund, daß er nichts von dieser Tischsitte halte, und der Kardinal von Ostia, Pietro Damiani, empörte sich nicht nur über den Gebrauch der Gabel, sondern bezeichnete die Benutzung derselben zudem als eine Art Verweichlichung. Was man sich so alles dachte...

Die versnobte Oberschicht ließ sich dagegen diese Neuigkeit nicht entgehen. Im 17. Jahrhundert pflegten der Adel und die Bourgeoisie eine völlig neue Tischkultur. Nun bekam jeder Gast neben seinen Teller ein eigenes Besteck. Der Löffel war gleich groß wie die Gabel, und das Messer verlor seine Spitze, da man es nicht mehr zum Aufspießen brauchte. Dafür gab es jetzt schließlich die Gabel. Die wertvollen Bestecke wurden auch nicht mehr aufrecht in einen Kasten oder ein Futteral gesteckt und »stehend« aufbewahrt, sondern in flach liegenden Etuis, die in Schubladen platzsparend übereinandergelegt werden konnten. Ging der Edelmann auf Reisen, nahm man Tafelgedecke für mehrere Personen in prachtvollen Kästen mit. Der einfache Mann dagegen bewahrte seinen geschnitzten Holzlöffel im Stiefelschaft auf, ließ ihn am Gürtel baumeln oder steckte ihn unter das Hutband.

Das Besteck entwickelte sich nun mehr und mehr zum Gebrauchsgegenstand. Neben dem aus billigerem Material hergestellten, schlichten Eßgerät für den täglichen Gebrauch besaß man kostbares, luxuriöses und reich dekoriertes Besteck, das auserwählten Gästen vorbehalten war. Ludwig XIV., der französische Sonnenkönig, hatte zwei besondere Eßbestecke in seinem Besitz, die zum persönlichen Gebrauch bestimmt waren. Eines benutzte er, wenn er ohne Gefolge speiste, das andere, das reich verzierte Paradebesteck, kam nur auf die Tafel, wenn der Monarch in der Öffentlichkeit speiste.

Wertvolle Löffel wurden nicht nur aus Silber und Gold gefertigt, sondern, wie gesagt, auch aus edlen Hölzern. Wer zählt die vielen wunderschönen Holzlöffel, die Forscher im Laufe der Zeit in den zahlreichen Fäkaliengruben historischer

Gebäude, Straßen und Viertel gefunden haben? Aufschlußreiches Material für enthusiastische Historiker. Im Mittelalter wurden in den Niederlanden die Löffel hauptsächlich aus Buchenholz gefertigt, während die Schüsseln und Teller, aus denen man Suppe und Brei essen konnte, aus Erlen- und Ahornholz waren. In Süddeutschland verwendete man zum Löffelschnitzen vorzugsweise Eichen-, Tannen- und Ahornholz. Reiche Auftraggeber leisteten sich schwarzes Ebenholz und ließen die Griffe mit Silberhülsen versehen.

»Wenn ihr keinen Löffel hättet, müßtet ihr die Suppe trinken!« sagt der Rheinländer, was früher wohl mehr als beschwerlich gewesen wäre, denn noch bis ins frühe 20. Jahrhundert wurde bei den Bauern das Essen aus der gemeinsamen Schüssel genommen oder sogar einfach aus einer Mulde im Tisch wie bei den alten Germanen.

Im späten Mittelalter setzten sich auch Löffel aus Messing und Zinn durch, in die der standesbewußte Bürger Inschriften gravieren ließ. Jeder Löffel hatte seinen festen Platz an dem Löffelbrett in der Küche, wo sie in Reih und Glied aufgehängt wurden.

In dem Dörfchen Bayersfeld im deutschen Erzgebirge stellten im Jahre 1710 zwei Arbeiter erstmals einen Eßlöffel aus Schwarzblech her. Das war eine wichtige Erfindung, denn nun verfügte man über ein billiges und im Vergleich zu Holz beständigeres Eßgerät, das sich vor allem im 19. Jahrhundert, nachdem die maschinelle Produktion begonnen hatte, in den Arbeiterfamilien der sich ausdehnenden Großstädte schnell verbreitete.

Seit Beginn des 17. Jahrhunderts wurde aus dem fernen China in größeren Mengen Porzellan nach Europa exportiert. Natürlich bemühte man sich eifrig, hinter das Geheimnis dieses Materials zu kommen. J.F. Böttger war der erste, dem auf ungeduldiges Andringen August des Starken die Herstellung von Porzellan gelang. Ab 1713 leitete der geniale Böttger die 1710 gegründete Meißner Porzellanmanufaktur, die noch heute in der ganzen Welt großes Ansehen genießt. Mitte des 18. Jahrhunderts wurden nun auch in den inzwischen an zahlreichen Fürstenhöfen Europas entstandenen Manufakturen Bestecke mit Porzellangriffen und Porzellanlöffel entworfen und angefertigt. Wien, Venedig und Berlin machten sich Konkurrenz, Sevres, Nymphenburg und Kopenhagen blieben

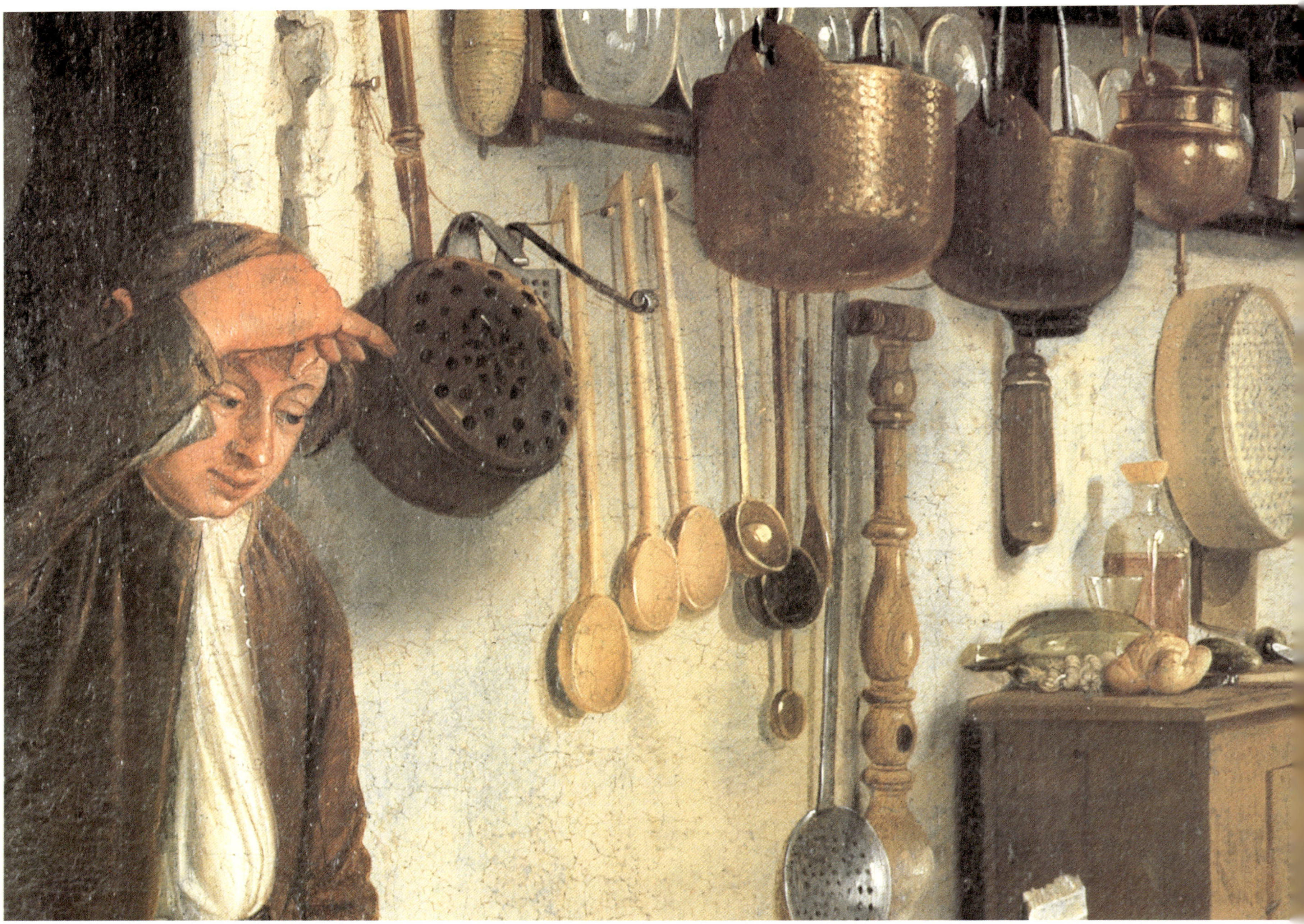

nicht zurück. Eier, Senf- und Medizinlöffel aus Porzellan kamen in Mode. Das neue Wundermaterial wurde von bestimmten chemischen Substanzen nicht angegriffen, beeinträchtigte nicht den Geschmack von Speisen und war ein schlechter Wärmeleiter, weshalb man sich nicht so schnell den Mund verbrannte. Aber für den täglichen Gebrauch einen »ganzen« Löffel aus Porzellan? Das war nicht jedermanns Sache.

Anfang des 19. Jahrhunderts unternahm die Firma Patzig & Gaede in Berlin den Versuch, aus »caldarischem Erz« Löffel herzustellen. Es wurde ein Flop. Der Direktor der Königlichen Porzellanmanufaktur KPM in Berlin, Rosenstiel, äußerte sich in einem Brief vom 20. Mai 1809 über diese Löffel wie folgt:
»Sie empfangen hier, lieber Freund, fünf Stück kaldarische Löffel wieder zurück. Einer ist zum Vorzeigen hinlänglich, zumal unter meinen Bekannten die meisten alle ihre Löffel zum Hausgebrauch von Silber behalten und haben stempeln lassen. Das Material ist wirklich schön von Farbe; seine Dichtigkeit und Politur unvergleichlich; die Löffel sind sehr elegant fabriciert und müssen also den Aesthetikern gefallen; aber sie taugen nicht zum Gebrauch, sagt Rosenstiel, der alte Empiriker, und sagen noch einige andere, die nicht so alt, aber vielleicht noch empirischer sind; sie sind zu tief und es gehört ein Mund mit dicker Oberlippe dazu, der sie rein ausesse; sie sind an den Kanten zu scharf und schneiden in die Lippen; sie fallen leicht aus der Hand u. dem Daumen ab. Ich habe daher einen von meiner seligen Mutter ererbten, in Strasburg vom Goldschmied Iselin fabricierten, minder eleganten, aber viel brauchbareren silbernen Löffel, mit H.M.R. bezeichnet (Heinrich, Margarethe Rosenstiel, Nahmen von Vater und Mutter) in das Pack gelegt, und bitte Sie, mir nach dieser Form, aber genau -allenfalls der Stiel etwas weniger stark - einen Löffel aus kaldarischem Erze verfertigen und mir mit dem silbernen wieder zukommen zu lassen. Den will ich dann fortwährend gebrauchen u. nach 50 Jahren dem Publikum zu Ihrem Ruhme und zu Patzig und Gaede's unfehlbarem Vortheile erzählen, daß er in Gestalt und Gebrauch dem von meinen Aeltern ererbten silbernen Löffel, der jetzt 50 Jahre alt ist, vollkommen gleich geblieben.«
Daraus wurde selbstverständlich nichts ...

Politische Turbulenzen waren mehr als einmal der Grund dafür, daß sich der Tafelschatz der Adligen und des gehobenen

Bürgertums in ganz Europa reduzierte. So sorgten in den unruhigen Zeiten, als Napoleon durch Preußen nach Rußland zog, die am 12. Februar 1809 erlassene »Verordnung wegen Ankaufs des Gold- und Silbergeräts durch Münzämter und wegen Besteuerung desselben zur Aufbringung der an Frankreich zu zahlenden 120 Millionen Frank« und das Notopfer im Jahre 1813 dafür, daß der ohnehin schon stark zusammengeschmolzene Bestand an altem preußischem Silber noch kleiner wurde. Nur den mit dem Freigabestempel FW versehenen Stücken blieb die Vernichtung erspart. Die preußischen Goldschmiedewerkstätten schafften es nach den Jahren der Freiheitskriege nicht, die Lücken in den kostbaren Besteckkästen zu füllen.

Das Familiensilber in England blieb dagegen größtenteils verschont. Daher tut sich dort für den Sammler alter Löffel eine wahre Fundgrube auf. Neben Objekten aus Edelmetallen wie Gold und Silber sind die ursprünglich doppelverzinnten bronzeartigen Fabrikate der Londoner Löffelmacher sehr begehrt. Diese Spezialisten betreiben einen schwunghaften Handel mit dem Kontinent, und noch heute tauchen immer wieder prächtige Beispiele aus alten Zeiten auf.

Tief im Brauchtum verankert ist der »Gelegenheitslöffel«. Silberne Löffel als Patengeschenk sind das Sinnbild eines langen Lebens. Sie wurden im 17., 18. und 19. Jahrhundert zu Tausenden und Abertausenden hergestellt. Noch heute schenken Onkel und Tante ihrem kleinen Schützling zur Taufe einen silbernen Löffel. Silber wird dem Mond zugeordnet, unter dessen Wandel alles zu Wachstum gelangt. Der Geburtslöffel trägt den Namen und das Geburtsdatum des Kindes. Im England des 16. Jahrhunderts bekam das Neugeborene aus fürstlichem Hause gleich zwölf silberne Apostellöffel und einen Christuslöffel. Aber der sogenannte Geburtslöffel war nicht dem Sprößling reicher Abstammung vorbehalten. Auch der Nachwuchs weniger vermögender Familien erhielt einen Löffel, der aus edlen Hölzern, Zinn oder Bronze gefertigt war.

Löffel wurden auch an Wallfahrtsorten in den kleinen Kapellen als Opfergabe hinterlassen. Litt jemand an einer Mundkrankheit, Zahnschmerzen oder Verdauungsbeschwerden oder hatte ein Kind Sprachstörungen, dann legte der Hilfesuchende Löffel in eine Kapelle, die der heiligen Apollonia geweiht war.

Ein weiterer Bereich, in dem der Löffel eine Rolle spielt, ist die Familiengeschichte. Leider gibt es nur noch sehr wenige Bestecke mit Monogrammen aus vergangenen Zeiten. Daß solche im Grunde bescheidenen Gegenstände für die Ahnenforschung gelegentlich von großer Bedeutung sein können, beweist das Beispiel von zwei Löffeln aus dem Jahr 1824. Sie befanden sich im Besitz zweier Familien, die weit voneinander entfernt lebten und sich nicht kannten. Nachdem man rein zufällig eine genaue Übereinstimmung der Initialen und der Silberarbeit festgestellt hatte - offensichtlich gehörten beide Löffel ursprünglich zu einem später durch Erbteilung auseinandergerissenen Dutzendsatz -, ergaben weitere Nachforschungen tatsächlich einen urkundlich bestätigten Familienzusammenhang.

1921 wurde in Solingen das »Nirosta«, eine rostfreie Chromnickelstahl-Legierung, erfunden. Damit war das weitere Schicksal des Löffels besiegelt. Noch heute wird die überwiegende Mehrzahl der Löffel aus diesem Material hergestellt, auch wenn inzwischen im Kantinenalltag der Kunststofflöffel Einzug gehalten hat.

»Der Löffel ist für den Brei - und also für die Unmündigen: die Kinder und die Armen. Nur kostbares Material: Silber und Gold, kann ihn gesellschaftsfähig machen«, schreibt Margot Aschenbrenner.

Wie dem auch sei, Zeitgenossen können sich selbst die Frage stellen, welche Bedeutung sie ihrem Löffel beimessen.

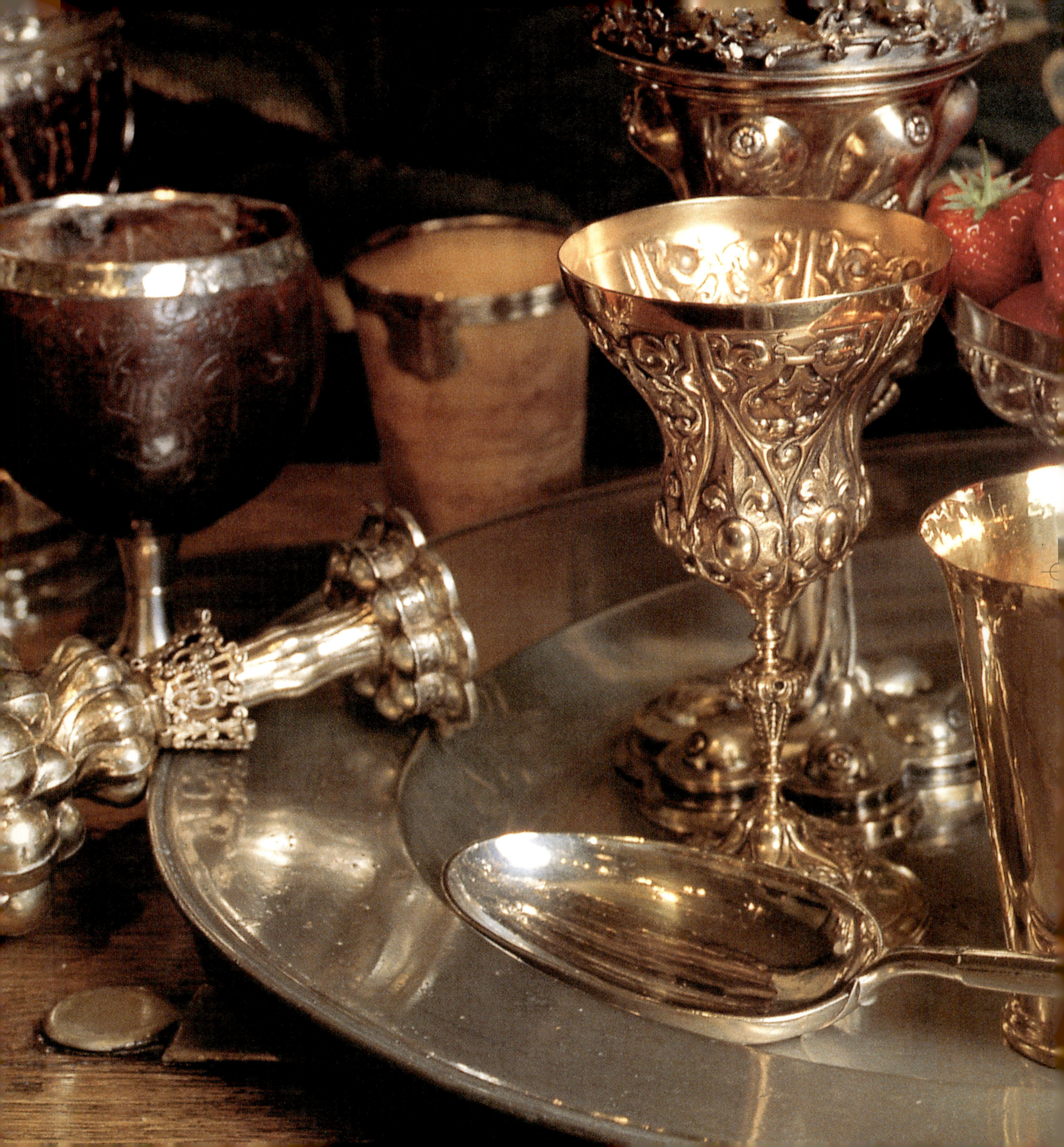

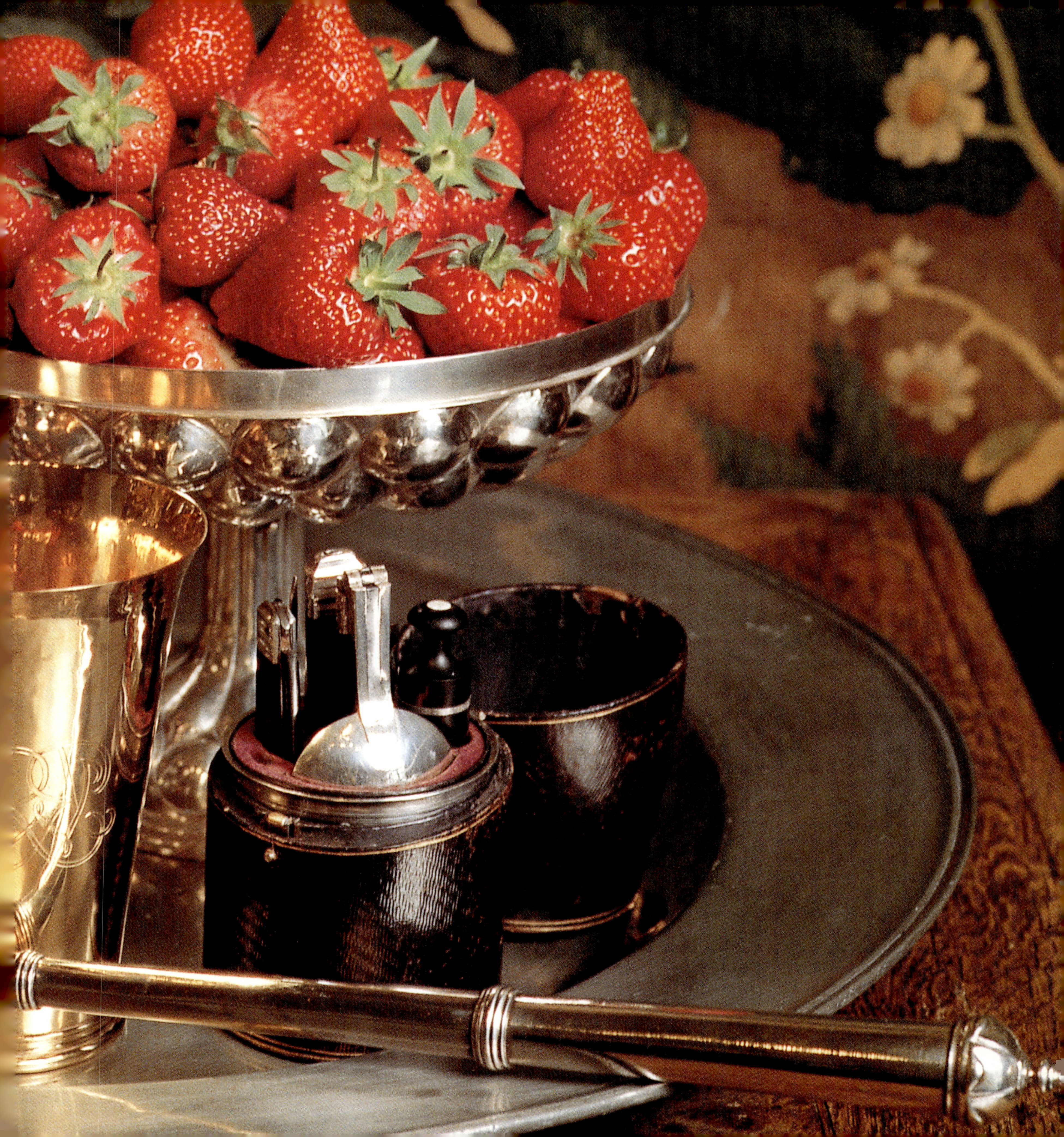

52

Langustinen mit Orangenschale, Froschschenkeln und Knoblauchsahne

LANGOUSTINES A L'ÉCORSE D'ORANGE, CUISSES DE GRENOUILLE À LA CRÈME D'AIL

Für 8 Personen

8 geschälte Langustinenschwänze
Schale von 1 Orange (unbehandelt)
150 g Froschschenkel
8 Knoblauchzehen
150 ml Sahne
30 g Butter
Salz
Pfeffer
1 Thymianzweig
2 Lorbeerblätter
Saft von 1/2 Zitrone
50 ml Olivenöl

Die Knoblauchzehen abziehen, und den grünen Keim entfernen. Anschließend in kochendem Wasser blanchieren. Diesen Vorgang dreimal wiederholen, wobei der Geschmack erhalten bleibt, dem Knoblauch jedoch der Geruch genommen wird. Dann etwa 15 Minuten bei geringer Hitze in der Sahne mit Thymian und Lorbeer köcheln lassen. Die Gewürze herausnehmen. Den Knoblauch mit der Sahne im Mixer pürieren und durch ein Sieb streichen. Würzen und warmhalten.

Mit dem Sparschäler die Schale einer Orange abziehen, zwei Stunden bei 100 °C im Ofen trocknen, dann mit dem Mixer zu Pulver zermahlen.

Die Froschschenkel mit Salz und Pfeffer würzen und in Nußbutter kurz sautieren. Dann die Schenkel entbeinen und warm halten.
Die Langustinen in sehr heißem Olivenöl sautieren und mit Pfeffer und Salz würzen. Zum Schluß das Orangenpulver zugeben.

Anrichten:
Die Froschschenkel auf Löffel geben, und die Langustinen darauf legen. Mit der Knoblauchsahne überziehen.

Langustinen im Lauchkleid, geröstet in Trüffelöl und Portula

LANGOUSTINES EN ROBE DE POIREAUX, GRILLÉES À L'HUILE DE TRUFFE ET DE POURPIER

Für 8 Personen

8 geschälte Langustinenschwänze
2-3 Stangen Lauch
Salz
Pfeffer
20 ml Trüffelöl
20 ml Sonnenblumenöl
50 ml Olivenöl
1 TL Limettensaft
150 g Portulak
16 Schnittlauchhalme (4 cm lang)

Das 2 cm dicke Lauchweiße in 4 cm lange Stücke schneiden. Den inneren Teil mit einem Druck des Fingers entfernen, damit man 8 »Hüllen« erhält. In Salzwasser 1 Minute blanchieren und abkühlen lassen.

Die Langustinen salzen und pfeffern und in die „Lauchhüllen" füllen. Den Grill erhitzen. Die Langustinen im Lauchkleid mit etwas Olivenöl beträufeln. 1 1/2 Minuten auf jeder Seite grillen, ohne daß das Lauchweiße verbrennt.

Trüffelöl, Sonnenblumenöl, Olivenöl und Limettensaft zu einer Emulsion verrühren und vorsichtig auf 40 °C erwärmen.

Anrichten:
Die Portulakblätter in Blumenform in den Löffeln arrangieren. Die Langustinen darauf legen. Mit der Emulsion überziehen und mit den Schnittlauchhalmen garnieren.

Hinweis:
Statt Portulak kann auch Endivie verwendet werden.

Langustinen mit Curry

LANGOUSTINES AU CURRY

Für 8 Personen

8 geschälte Langustinenschwänze
30 g frische Brösel
5 g mildes Currypulver
5 g scharfes Currypulver
Koriander (10 Umdrehungen mit der Mühle)
50 ml toskanisches Olivenöl

Für die Sauce:
100 ml Sahne
3 Tropfen Limettensaft
1 TL Rinderconsommé
Salz
Pfeffer
1 Prise Zucker
1 Prise geriebene Muskatnuß

1 Apfel
einige Blätter Friséesalat

Die Sauce:
Alle Zutaten zusammen aufkochen, bis die Masse gebunden ist. Auf Eis abkühlen lassen, wobei die Sahne nicht hart werden darf.

Die Langustinen:
Die Brösel, das Currypulver und den Koriander mischen, und die Langustinenschwänze darin panieren. In einer Pfanne Olivenöl erhitzen. Die Langustinen schnell und kurz darin anbraten. Das Olivenöl darf nicht zu heiß werden. Die Langustinen müssen eine schöne braun-blonde Farbe annehmen.

Den Apfel schälen und in 4 cm lange und 4 mm dicke Stäbchen schneiden. Die Apfelstäbchen in der Sauce wenden.

Anrichten:
Etwas Friséesalat auf die Löffel geben, und jeweils zwei Apfelstäbchen kreuzförmig darauf anordnen. Die Langustinenschwänze auf den Apfel legen und mit etwas Bratflüssigkeit beträufeln.

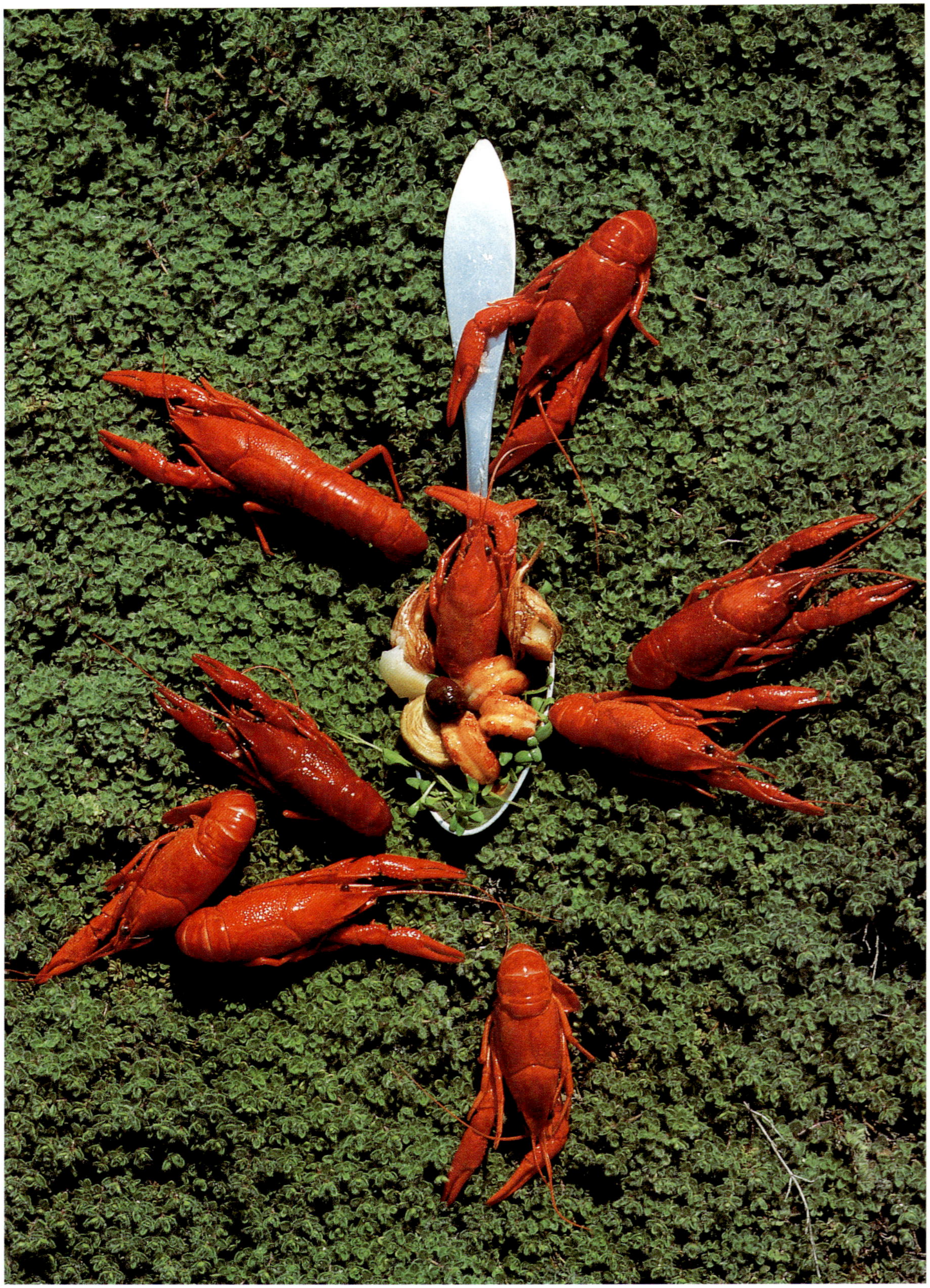

Ragout von Flußkrebsen mit Knoblauch, Artischocken und Oliven

RAGOÛT D'ÉCREVISSES, GOUSSES D'AIL, ARTICHAUT ET OLIVES

Für 8 Personen
1 kg Flußkrebse (24 Stück)
80 ml Olivenöl
8 Knoblauchzehen
250 ml Milch
10 g Zucker
4 violette Artischocken
50 g Butter
Salz und Pfeffer
Für die Sauce:
1 Zwiebel, 1 Möhre
1 Stiel Selleriegrün
1 Thyminanzweig
2 Lorbeerblätter
1/2 EL Cognac
4 gewürfelte Tomaten
50 ml Olivenöl
2 l Wasser
Salz und Pfeffer, 30 g Butter
1 Schälchen Brunnenkresse
16 kleine schwarze Oliven

Die Krebse abspülen, abtrocknen und in einer Pfanne in 50 ml Olivenöl anbraten. Das kleingeschnittene Gemüse, Thymian und Lorbeerblätter unter kräftigem Rühren hinzufügen. Dann den Deckel schließen. Nach 5 Minuten die Krebse herausnehmen. Die Schwänze aus der Schale brechen, das Fleisch auslösen und warm stellen. Die Schalen in die Pfanne zurückgeben. Mit Cognac ablöschen. Dann die Tomatenwürfel zugeben und mit Wasser übergießen. Bei geringer Hitze etwa 30 Minuten köcheln lassen. Die Schalen herausnehmen. Die Sauce pürieren und durch ein feines Sieb streichen. Auf die gewünschte Konsistenz einkochen lassen und abschmecken. Vom Herd nehmen und mit 30 g Butter aufschlagen. Die ungeschälten Knoblauchzehen zuerst in Wasser blanchieren und dann in gezuckerter Milch etwa 15 Minuten kochen. Abtropfen lassen und in 30 ml heißem Olivenöl anbraten, bis sie leicht angebräunt sind. Warm halten. Die Artischocken waschen, und die Blätter entfernen. Etwa 8 Minuten in heißer Butter garen. Mit Salz und Pfeffer würzen und warm stellen.

Anrichten:
Je nach Größe der Artischocken 1/4 oder 1/2 Artischockenherz auf einem Löffel anrichten. 3 Krebse darüber sowie eine Knoblauchzehe und 2 Oliven an die Seite legen. Mit Sauce begießen und mit ein wenig Kresse garnieren.

Gebratene Jakobsmuscheln mit Szechuan-Pfeffer in Butter-Joghurt-Sauce

Coquilles Saint-Jacques poêlées au poivre séchuan, beurre de cuisson au yaourt

Für 8 Personen

8 Jakobsmuscheln à 20 g
2 g Szechuan-Pfeffer
1 g grobes Meersalz
16 Zuckererbsenschoten
feines Salz
20 g Speisestärke
8 Scheiben Aubergine (2 mm dick)
20 g frische Butter
Pfeffer
Zucker
30 g geklärte Butter
50 g magerer Joghurt

Die Jakobsmuscheln 30 Minuten vor dem Garen mit Szechuan-Pfeffer und Meersalz bestreuen und kalt stellen (der Szechuan-Pfeffer kann so besser sein Aroma entfalten).

Die Zuckererbsen 2 Minuten in Salzwasser kochen und sofort abschrecken.

20 g Speisestärke mit 30 ml Wasser zu einem Ausbackteig verrühren. Die Auberginenscheiben in dem Teig wenden und bei 180 °C 2 Minuten in der Friteuse backen. Auf Küchenpapier abtropfen lassen und salzen.

Die Erbsenschoten etwa 10 Sekunden in der frischen Butter erhitzen. Mit Salz, Pfeffer und einer Prise Zucker abschmecken.

Die Jakobsmuscheln 2 Minuten auf jeder Seite in der geklärten Butter garen. Herausnehmen und warm halten. Den Joghurt zur Butter geben und bei geringer Hitze kurz köcheln lassen.

Anrichten:
Die Auberginenscheiben auf die Löffel geben. Darauf die Muscheln in der Butter-Joghurt-Sauce legen. Mit den in Julienne geschnittenen Erbsenschoten umlegen.

Hinweis:
Szechuan-Pfeffer kommt aus der chinesischen Provinz Set-Chuan. Dieser milde, duftende Pfeffer eignet sich auch hervorragend für die Patisserie. Man bekommt ihn in asiatischen Lebensmittelgeschäften oder im Feinkosthandel.

61

Sautierte Jakobsmuscheln mit grobem Meersalz und Creme mit Trockenfrüchten

COCQUILLES SAINT-JACQUES SAUTÉES AU SEL DE GUÉRANDE , CRÈME AIGRE AUX FRUITS SECS

Für 8 Personen

8 schöne Jakobsmuscheln
2 g Meersalz
Pfeffer
25 g Butter
100 g Crème double

1 getrocknete Aprikose
3 gehackte Hasel- oder Walnüsse
1/4 kandierte Orangenschale
1/4 kandierte Pampelmusenschale
5 g Rosinen
Saft von 1/2 Zitrone
Salz

1/2 EL Sherryessig
1 EL Olivenöl

Orange und Pampelmuse schälen. Die Schalen dreimal in kochendem Wasser blanchieren. Dann mit derselben Menge Zucker bei hoher Temperatur in Wasser 2 Stunden kochen. Die Schalen sollten knapp mit Wasser bedeckt sein. Wenn nötig, zwischendurch Wasser hinzufügen. In dem Sud abkühlen lassen. Die Schalen herausnehmen und zerkleinern.

*Crème double und Zitronensaft vermischen. Die Trockenfrüchte in kleine Würfel schneiden und mit den kandierten Schalen und Nüssen unter die Crème double rühren. Würzen und kalt stellen.
Den Sherryessig mit dem Olivenöl verschlagen, würzen und beiseite stellen.*

Die Jakobsmuscheln 3 bis 4 Minuten in Butter anbraten und gut bräunen lassen. Dann Guérande-Salz hinzufügen und pfeffern.

Anrichten:
Die kalte Creme in die Löffel geben. Jeweils eine Muschel darauf legen. Mit der Sherryessig-Olivenöl-Mischung beträufeln.

Jakobsmuschelsalat mit Orangen

Salade de coquilles Saint-Jacques à l'orange

Für 8 Personen

8 Jakobsmuscheln ohne Corail
100 g Champignons
100 g grüne Bohnen
100 g Chicorée
1/4 Apfel
abgeriebene Schale von 1/4 Orange (unbehandelt)
1 Orange, in Viertel geschnitten und gehäutet
8 kleine Minzeblätter
8 Zuckererbsenschoten
Olivenöl
Zucker, Salz und Pfeffer

Für das Dressing:
Saft von 1/2 Zitrone
50 ml Olivenöl
1 TL Orangenhonig
Saft von 4 Orangen

Das Dressing:

Alle Zutaten mischen und auf 50 ml einkochen. Rühren, bis eine cremig gebundene Vinaigrette entstanden ist.

Die rohen Jakobsmuscheln in dünne Scheiben schneiden. Für etwa 1 Stunde in das Orangendressing legen. Ab und zu wenden, damit sie von allen Seiten marinieren können.

Die Zuckererbsen in Salzwasser knapp gar kochen und abschrecken. Dann die Schoten leicht öffnen, ohne daß sie sich voneinander lösen. Anschließend mit einer Messerspitze Zucker, Pfeffer und Salz in Olivenöl andünsten.

In derselben Kochflüssigkeit die Bohnen kochen. Abschrecken, damit sie ihre Farbe behalten.

Die Pilze putzen und in Julienne schneiden. Die Bohnen halbieren. Den Apfel und den geputzten Chicorée in Julienne schneiden. Alles vermengen, die Orangenschale hinzufügen und abschmecken. Mit einem Löffel Dressing vermischen.

Anrichten:

Das kleingeschnittene Gemüse und die Orangenstückchen auf die Löffel geben. Die marinierten Jakobsmuscheln darauf legen. Mit dem Dressing begießen. Zum Schluß mit Minzeblättchen und Zuckererbsen garnieren.

Curry-Sauerampfer-Austern

HUÎTRES D'OSTENDE OU DE ZÉLANDE AU CURRY ET À L'OSEILLE

Für 8 Personen

8 Austern aus Ostende oder Seeland
Austernsaft
6 große Sauerampferblätter
50 ml leichter Geflügel- und Kalbsfond (Rezept siehe Seite 188)
50 ml trockener Weißwein
3 Tropfen Zitronensaft
1/2 g mildes Currypulver
1/2 g scharfes Currypulver
10 g Schalotten
70 g Crème double

8 kleine trockene Sauerampferblätter

Die Austern aufbrechen, den Saft auffangen und das Austernfleisch herausnehmen. Die Austernschalen abspülen, um sie von Schalensplittern zu befreien.

Den frischen Sauerampfer abspülen, die Blattrippen entfernen und fein schneiden. Dann in die Austernschalen geben. Die Austern darauf setzen..

Für die Sauce Austernsaft, Weißwein, Fond, Curry, feingehackte Schalotten und Zitronensaft auf ein Viertel einkochen lassen. Crème double hinzufügen, nochmals einkochen lassen und durch ein Sieb gießen.

Die vorbereiteten Austern für 2 Minuten in den auf 180 °C vorgeheizten Backofen geben. Dann mit der heißen Sauce überziehen und mit einem trockenen Sauerampferblatt garnieren. Die Austern mit einem Austernlöffel auf kleine Teller legen.

IN DER FIRST CLASS DER
»NORMANDIE« ODER
»L' ATLANTIQUE« FEHLTE
ES AN NICHTS

Die oberen Zehntausend ließen sich das schöne Leben nicht nehmen. Sie schaukelten gemächlich auf den prachtvollen Luxusdampfern in die große weite Welt. Der Überfluß auf diesen »Grandhotels der Meere« war unvorstellbar. Die Erste-Klasse-Kabinen waren mit Marmorbädern und Wandvertäfelungen aus exotischen Hölzern ausgestattet, die Ballsäle und Bars sowie die eleganten Decks bestachen durch ihre Extravaganz. Das Tafelgeschirr und die Bestecke wurden selbstverständlich von renommierten Manufakturen in echtem Silber für die festlichen Diners angefertigt. Der Franzose Luc Lanel, auch als Buchillustrator bekannt, entwarf 1935 für den Speisesaal des französischen Luxusdampfers »Normandie« das Besteck »Atlas«. Für dieses Schiff wurden mehr als 20.000 Bestecke angefertigt. Heute ist es unter dem Namen »Commodore«[3*] noch immer erhältlich.

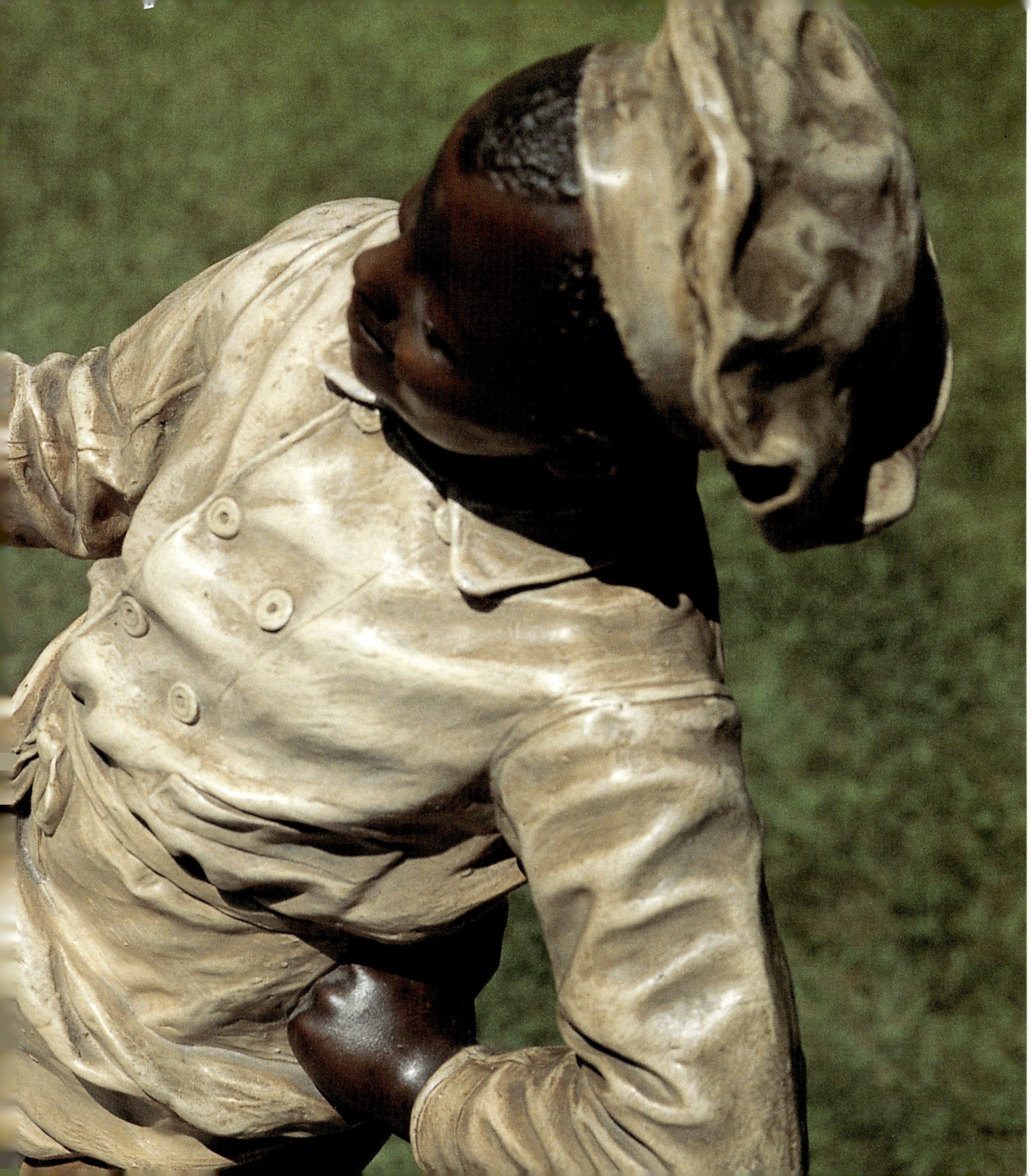

Austern mit Schalottenchutney

HUÎTRES FINES DE CLAIRES À LA CONFITURE D'ECHALOTTES

Für 8 Personen
8 Austern (Fines de Claires)
Austernsaft
1 feingehackte Schalotte
20 g Butter
150 g feingehackte Champignons
das Weiße von 1 kleinen Lauchstange
1/2 Knoblauchzehe
1 Lorbeerblatt
200 ml roter Bordeaux-Wein
1 Suppenkelle Rotweinessig
50 ml Kalbsfond (siehe Seite 189)
1 TL Tomatenpüree
1 TL Zucker, Pfeffer, Salz
Für die Sauce:
Austernsaft
50 ml Brut Champagner
Saft von 1/4 Limette
2 EL Olivenöl (virgine)
1 TL Aceto Balsamico
Kerbelblättchen

Das Schalottenchutney:
Schalotten, Champignons, Knoblauch und kleingeschnittenen Lauch in Butter bräunen lassen. Rotwein, Rotweinessig, Kalbsfond, Tomatenpüree, Zucker und Lorbeer zugeben. Bei geringer Hitze etwa 20 Minuten einkochen lassen. Abschmecken.

Die Austern aufbrechen, den Saft auffangen und das Fleisch herauslösen.

Die Sauce:
Austernsaft, Champagner, Limettensaft und Essig auf ein Viertel einkochen lassen. Olivenöl hinzufügen, leicht köcheln lassen und aufschlagen.

Anrichten:
Das Schalottenchutney auf den Löffeln verteilen, die lauwarmen Austern darauf legen und mit der Sauce übergießen. Mit Kerbelblättchen garnieren.

Lachsforelle mit Salzbutter, Holunderbeeren und Majoransirup

TRUITE SAUMONÉE AU BEURRE SALÉ, BAIES DE SUREAU ET SIROP DE MARJOLAINE

Für 8 Personen

8 Lachsforellenfilets à 40 g
100 g gesalzene Butter
1 EL Sherryessig
Pfeffer
8 dünne (2 mm) Scheiben Knollensellerie
60 g Holunderbeeren

Für den Majoransirup:
100 ml Wasser
10 g Zucker
20 g gerebelter Majoran

8 Majoranblüten

Der Majoransirup:
Das Wasser mit dem Zucker zum Kochen bringen, den gerebelten Majoran hinzufügen, aufkochen lassen, von der Kochstelle nehmen und 1/2 Stunde zugedeckt ziehen lassen. Durch ein feines Sieb gießen und beiseite stellen.

Die Forellenfilets pfeffern (nicht salzen). Die Butter zerlassen, und das Filet darin braten. Mehrmals begießen. Nach der Hälfte der Garzeit die Holunderbeeren zugeben und etwa 10 Sekunden kochen lassen. Dann den Majoransirup hinzufügen und 10 Sekunden weiterkochen. Mit Sherryessig ablöschen. Das Filet sollte innen rosa bleiben.

Die Selleriescheiben in einer Friteuse bei 160 °C etwa 1 Minute fritieren. Sie sollen hell und kroß sein. Mit etwas Salz bestreuen, und auf Küchenpapier abtropfen lassen.

Anrichten:
Jeweils ein Stück Lachsforelle auf einen Löffel legen. Mit Holunderbeeren bestreuen. Die Sauce darübergießen. Mit einer Selleriescheibe und einer Majoranblüte garnieren.

Terrine von Bückling und Kartoffeln mit Kaviarcreme, Meerrettichsauce und Portulaksalat

TERRINE DE HARENG FUMÉ, POMMES DE TERRE AU CAVIAR, SAUCE AU RAIFORT, POURPIER EN SALADE

Für 8 Personen

8 Bücklingfilets
2 EL Olivenöl
1 EL Aceto Balsamico (10 Jahre alt)
2 Kartoffeln
Salz
weißer Pfeffer
24 Portulakblätter

Für die Sauce:
50 g Crème double
2 g geriebener Meerrettich
20 g Kaviar
5 Tropfen Zitronensaft

Die Sauce:
Die Crème double mit 10 g Kaviar und Meerrettich mischen, würzen und den Zitronensaft hinzufügen.

Die Terrine:
Den Bückling im Backofen 3 Minuten bei 100 °C in einer Vinaigrette aus Olivenöl und Aceto Balsamico braten. Die Vinaigrette abgießen, und den Bückling abtropfen lassen.

Die Kartoffeln in Salzwasser gar kochen. Dann in feine Scheiben schneiden und in der Bückling-Vinaigrette marinieren. Mit weißem Pfeffer abschmecken.

Den Bückling und die Kartoffeln in eine Terrine schichten und abkühlen lassen. In acht Scheiben schneiden.

Anrichten:
Die Scheiben auf Löffel legen, und die Kaviarcreme darübergeben. Mit den Portulakblättern und 10 g Kaviar garnieren.

Thunfisch in Kräuterkruste mit Trüffelvinaigrette und getrocknetem Lauch

THON EN ROBE D'HERBES, VINAIGRETTE DE TRUFFES, JULIENNE DE POIREAU SECHE

Für 4 Personen

160 g Thunfischfilet
2 EL gehackte Kräuter,
z.B. Kerbel, Dill, Schnittlauch,
Petersilie, Estragon, Basilikum
Salz
Pfeffer
Trüffelvinaigrette (siehe Seite 192)
1/2 Stange Lauch
50 ml Olivenöl

Den mit Pfeffer und Salz gewürzten Thunfisch in Olivenöl auf beiden Seiten leicht anbraten. In den Kräutern wenden und im Kühlschrank abkühlen lassen.
Den getrockneten Lauch nach Rezept Seite 195 zubereiten und in sehr feine Streifen schneiden.

Anrichten:
Den Thunfisch in 8 Scheiben schneiden, auf die Löffel geben und mit der Trüffelvinaigrette beträufeln. Den getrockneten Lauch darauf legen. Eventuell feingeschnittene Trüffel darüberstreuen, um den besonderen Geschmack des Rezeptes zu heben.

Hummerpolenta mit Fenchelcreme

POLENTA DE HOMARD AVEC CRÈME DE FENOUIL

Für die Polenta:

200 ml Rinderconsommé

100 g Weizengrieß

50 g geklärte Butter

Für den Hummer:

2 Hummer à 400 g

2 l Wasser

1 kleine Möhre

1 Stiel Selleriegrün

1 kleine Schalotte

10 g zerdrückte schwarze Pfefferkörner

2 Lorbeerblätter

1/4 Knoblauchzehe

4 Petersilienzweige

1 g grobes Salz

30 g Butter

Für die Sauce:

200 ml Sahne

200 ml Fischfumet (siehe Seite 190)

100 ml Weißwein

1 Fenchelknolle

Salz, Pfeffer

Der Hummer:

Die Zutaten ins Wasser geben und 15 Minuten kochen. Die Hummer hineingeben und 2 Minuten kochen. Herausnehmen, auslösen und längs halbieren. Das Scherenfleisch in zwei Teile schneiden. Die Schwänze nochmals halbieren und mit dem Scherenfleisch beiseite stellen. Das Fleisch in den Köpfen und zwischen den Scheren auslösen, in kleine Würfel schneiden und aufbewahren.

Die Polenta:

Die Rinderconsommé erhitzen, den Weizengrieß hineinstreuen und 1 Minute bei geringer Hitze kochen. Das gewürfelte Hummerfleisch hinzufügen. Würzen, in eine flache, runde Form bringen und in geklärter Butter in einer Pfanne braten.

Die Sauce:

Den geputzten, in dünne Scheiben geschnittenen Fenchel mit Weißwein, Fischfumet und Sahne andünsten. In etwa 20 Minuten auf die Hälfte einkochen. Abschmecken, pürieren und durch ein feines Sieb streichen. Das Scheren- und Schwanzfleisch in 30 g Butter erwärmen.

Anrichten:

Jeweils ein Stück Polenta auf einen Löffel geben. Das warme Hummerfleisch darauflegen. Die Fenchelsauce darübergießen, und mit Fenchelkraut garnieren.

Steinbutt »Mozart«

TURBOT MOZART

Für 8 Personen
8 Stücke Steinbuttfilet à 30 g
40 g geklärte Butter
1 rote Bete
200 m leichter Geflügel- und Kalbsfond (siehe Seite 188)
1 EL Rotweinessig
2 Scheiben Toastbrot, in kleine Würfel geschnitten (5 x 5 mm)
Salz
frisch gemahlener Pfeffer

Für die Sauce:
40 g Butter
1 TL Kapern
1 TL gehackte glatte Petersilie
1 TL Rotweinessig
1 TL Sherryessig

Für die Farce:
80 g Steinbuttfilet
1 Eigelb
1 TL Crème double
Salz, Pfeffer
Saft von 1/4 Limette

Die rote Bete:
Die rote Bete in kleine Stäbchen schneiden und in dem Fond und dem Rotweinessig bißfest garen.

Die Sauce:
Die Butter zerlassen und leicht anbräunen. 2 Eßlöffel von der Kochflüssigkeit der rote Bete hinzufügen. Dann die Rote-Bete-Stäbchen, die Kapern, den Essig und zuletzt die Petersilie zugeben.

Die Farce:
Die Zutaten mit dem Schneidstab des Handrührgeräts pürieren, bis eine homogene Masse entstanden ist.

Der Steibutt:
Die Filets salzen und pfeffern. Jeweils eine Seite der Filets mit der Farce bestreichen, und die Brotwürfel schachbrettartig andrücken. In einer beschichteten Pfanne die geklärte Butter erhitzen. Die Filets auf der Seite mit den Brotwürfeln goldgelb braten, umdrehen und auf der anderen Seite ebenfalls leicht Farbe nehmen lassen. Dann für 2 Minuten in den auf 160 °C vorgeheizten Backofen geben.

Anrichten:
Die Rote-Bete-Stäbchen mit der warmen Sauce auf die Löffel geben. Den Steinbutt vorsichtig darauf legen. Die Brotwürfel sollen kroß bleiben.

STOLZES RATSSILBER FÜR DAS SELBSTBEWUSSTE BÜRGERTUM

Die Bauhaus-Anhänger plädierten für klare Formen und Sachlichkeit. »Die allgemein nützlichen Gebrauchsgegenstände sind nicht dazu da, um bewundert, sondern um benutzt zu werden«, schrieb Naum Gabo 1928 im zweiten Jahrgang der Bauhauszeitung. Die Besteckentwürfe waren schlicht, aber von höchster Qualität. Das Besteck »Atelier« aus einer bayerischen Silberwarenfabrik*4 stellte in den 30er Jahren den Beitrag der Stadt München zur Linderung der notleidenden Silberschmiede und Kunsthandwerker dar und avancierte zum Münchener Ratssilber. Heute reicht der deutsche Botschafter in Washington dieses Besteck seinen Gästen.

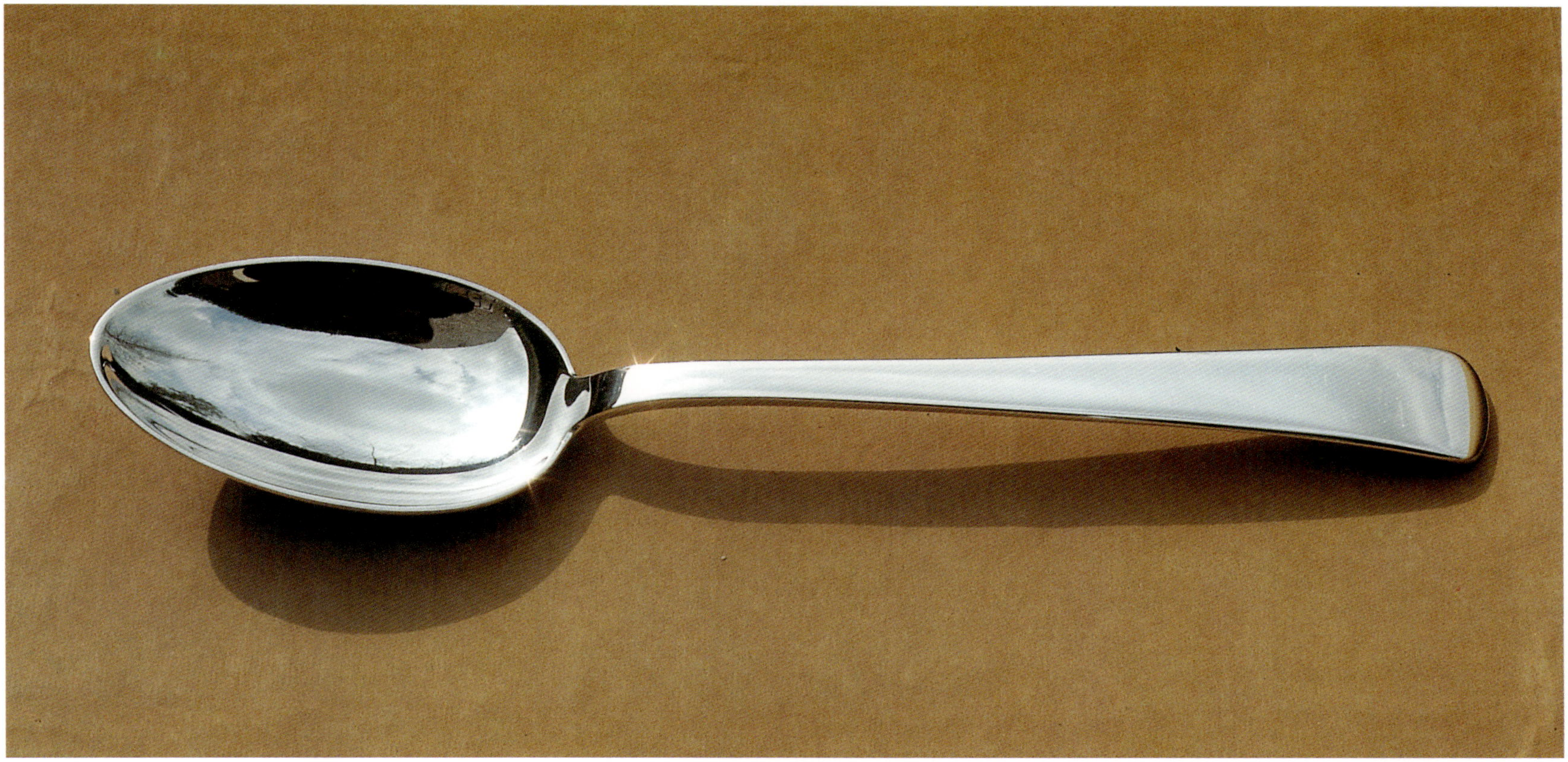

Steinbutt mit Lavendel

TURBOT À LA LAVANDE

Für 8 Personen

8 Stücke Steinbuttfilet à 35 g
1 TL Dijon-Senf
20 g frische Brösel
2 g Lavendelblüten
100 ml trockener Weißwein
1 TL Olivenöl
Salz
Pfeffer

Für die Sauce:
100 ml leichter Geflügel- und Kalbsfond (siehe Seite 188)
Saft von 1/2 Limette
einige Tropfen Akazienhonig
50 g Crème double

Der Steinbutt:
Den Fisch ein wenig salzen und pfeffern und auf einer Seite leicht mit Senf bestreichen. Die Brösel, das Olivenöl und die Lavendelblüten vermengen. Diese Mischung dünn auf den Senf geben. Den Steinbutt auf ein mit Butter bestrichenes Blech legen. Den Weißwein hinzufügen und im auf 150 °C vorgeheizten Backofen 5 Minuten leicht bräunen lassen. Anschließend mit Aluminiumfolie bedecken und warm halten.

Die Sauce:
Den Geflügel- und Kalbsfond, Limettensaft, Honig und Crème double sowie die Kochflüssigkeit vom Steinbutt auf ein Drittel einkochen lassen. Durch ein feines Sieb gießen und abschmecken.

Anrichten:
Die Sauce in die Löffel geben. Dann den Steinbutt darauf legen.

Seebarschrouladen mit Lachstatar gefüllt

TARTAR DE SAUMON ROULÉ DANS UNE FEUILLE DE BAR

Für 8 Personen

Für das Lachstatar:
150 g Lachs
1 TL Mayonnaise
5 g Kapern
5 g gehackte Petersilie
10 g gehackte Estragonblätter
Salz
Pfeffer
Saft von 1/2 Zitrone

Für den marinierten Seebarsch:
8 dünne Scheiben Seebarsch à 15 g
50 ml Olivenöl
1 Dillzweig
Saft von 1/2 Zitrone

Für die Sauce:
60 g Crème double
1/2 Mokkalöffel Zitronensaft
10 g feingehackter Schnittlauch

Garnitur:
einige blanchierte Brokkoliröschen
16 hauchdünne Apfelscheiben
1 TL Aceto Balsamico
1 TL Olivenöl

Das Lachstatar:
Den Lachs enthäuten, entgräten, abspülen und trockentupfen. In 4 mm große Würfel schneiden. Mayonnaise, Salz, Pfeffer, Zitronensaft, Kapern, Petersilie und Estragon verrühren und mit dem Lachstatar vorsichtig vermischen. Kühl aufbewahren.

Die Rouladen:
Die Seebarschscheiben mit Olivenöl, gehacktem Dill und Zitronensaft 30 Minuten marinieren lassen. Dann die Seebarschscheiben auf der Arbeitsfläche ausbreiten, etwas Lachstatar auf die Scheiben geben, und die Scheiben zu Rouladen aufrollen.

Die Sauce:
Die Crème double mit Zitronensaft, Schnittlauch und 1 TL Seebarschmarinade verrühren.

Anrichten:
Jeweils eine Seebarschroulade auf einen Löffel legen. Zur Hälfte mit etwas Sauce übergießen. Mit Brokkoliröschen und gerollten Apfelscheiben garnieren.

Seezungenfilets mit Rhabarber

FILET DE SOLE RHUBARBE

Für 8 Personen
300 g Seezungenfilet
1 EL Olivenöl
Salz
1 TL schwarzer Pfeffer
Für die Sauce:
100 g Rhabarber, in 1/2 cm große Würfel geschnitten
4 Stücke Kandiszucker
1 Messerspitze gemahlener Zimt
4 Estragonzweige
frisch gemahlener Pfeffer (etwa 8 Umdrehungen)
1 EL Hühner- oder Kalbsbrühe
40 g Butter
gehackte Blättchen von 3 Estragonzweigen
30 g geschälter Rhabarber, in 2 cm lange Stücke geschnitten
Estragonblättchen zum Garnieren

Die Sauce:
Alle Zutaten bis auf die Estragonblättchen und den geschälten Rhabarber etwa 10 Minuten bei geschlossenem Deckel kochen. Die Estragonzweige aus der Sauce nehmen und die Sauce mit einem Schneebesen aufschlagen, bis eine gebundene Masse entstanden ist. Die gehackten Estragonblättchen unterrühren. Dann den geschälten Rhabarber hinzugeben, damit die Sauce leicht säuerlich schmeckt. Das Seezungenfilet salzen und pfeffern, mit etwas Olivenöl beträufeln und auf beiden Seiten grillen.

Anrichten:
Die Rhabarbersauce auf Löffel oder Teller geben, und das geteilte Seezungenfilet darauflegen. Mit Estragonblättchen garnieren.

Roter Knurrhahn und Langustinen in Kartoffelkruste mit Auberginenkaviar und Mimosenöl

ROUGET ET LANGOUSTINES EN CROUTE DE POMMES DE TERRE, CAVIAR D'AUBERGINES, HUILE DE MIMOSA

4 Stücke Knurrhahnfilet à 140 g
Salz
frisch gemahlener Pfeffer
Olivenöl

8 geschälte Langustinenschwänze
2 große Kartoffeln
24 Estragonblättchen
Erdnußöl

Für den Auberginenkaviar:
1/2 kg Auberginen
Olivenöl
1/2 l Kalbsfond (siehe Seite 189)
10 g gehackte Petersilie
20 g Sesamsamen
30 g feingehackte Schalotten
2 g gemahlener Kümmel
1 g gemahlener Koriander

Für das Mimosenöl:
1 Zweig frische Mimose
50 ml Sonnenblumenöl
50 ml Olivenöl
Saft von 1/2 Limette

Mimosenblüten
Kerbel

Das Mimosenöl:
Die Mimose in das Öl und den Limettensaft geben und 2 Tage marinieren.

Der Auberginenkaviar:
Die Auberginen putzen, würfeln und in Olivenöl anbraten. Zuerst die Schalotten, dann die Petersilie, Sesam, Kümmel und Koriander hinzufügen. Das Ganze mit dem Fond übergießen und 40 Minuten einkochen lassen. Salzen und pfeffern. Die Masse fein pürieren.

Die Knurrhahnfilets halbieren. Mit Salz und Pfeffer würzen und auf beiden Seiten in Olivenöl braten.

Die Kartoffeln schälen, in sehr feine Streifen schneiden und mit Estragonblättchen vermischen. Die Langustinen in diese Mischung wickeln und bei 170 °C in Erdnußöl braten, bis sie kroß sind.

Anrichten:
Den Auberginenkaviar auf die Löffel geben, darauf die Knurrhahnfilets und die Langustinen in Kruste legen und mit dem Mimosenöl beträufeln. Mit Mimosenblüten und Kerbel garnieren.

Roulade aus Lachs, Seebarsch und Algen mit Kräutervinaigrette

Roulade de saumon, bar et algues, vinaigrette d'herbes

120 g roher Lachs

120 g roher Seebarsch

20 g schwarze Algen

Salz

Pfeffer

Kräutervinaigrette

das Weiße von 1 Lauchstange

Kräutervinaigrette:

Eine Weißweinvinaigrette (siehe Seite 193) zubereiten, und jeweils 1 TL Estragon, Schnittlauch, Petersilie und Dill hinzugeben.

Den Lachs und den Seewolf in feine Scheiben schneiden, salzen und pfeffern. Dann 2 Stunden in der Kräutervinaigrette marinieren.

Die Lachsscheiben in Form eines Rechtecks auf Küchenfolie ausbreiten. Die Algen in kochendem Wasser blanchieren, abtropfen lassen, auf die Lachsscheiben geben und mit den Seewolfscheiben bedecken. Das Ganze in der Folie fest zu einer Roulade aufrollen und in 24 Stücke (3 pro Person) schneiden. Das Weiße von der Lauchstange in 4 cm lange Streifen schneiden. Die Streifen waschen, abtrocknen und in Mehl wenden. Sonnenblumenöl in einer Friteuse auf etwa 160 °C erhitzen, den Lauch darin fritieren und auf Küchenpapier abtropfen lassen.

Anrichten:

Jeweils 3 Rouladenstücke auf einen Löffel legen und mit der Kräutervinaigrette beträufeln. Mit den fritierten Lauchstreifen bestreuen.

Aromatischer Salat mit Artischocken und Taubenfilets

SALADE AROMATIQUE, ARTICHAUTS ET SON PIGEON

Für 8 Personen

10 g *Basilikum*
5 g *Estragon*
5 g *Dill*
25 g *Rauke*
10 g *glatte Petersilie*
20 g *Feldsalat*

4 *Taubenfilets*
15 g *Butter*
2 *Artischockenböden*
Saft von 1/2 Zitrone
10 g *Mehl*
Salz

Vinaigrette (für den Salat):
ein paar Tropfen Aceto Balsamico (fünfzehn Jahre alt)
1 TL Olivenöl (extra virgine)
ein paar Tropfen Walnußöl
Saft von 1/4 Limette
Pfeffer
Salz

Sherryvinaigrette (siehe Seite 193)

Die Artischockenböden in einem halben Liter Wasser mit dem Zitronensaft, Mehl und Salz kochen. Die Salate und Kräuter putzen, gut waschen und trocknen. Mit der Vinaigrette übergießen und vorsichtig vermengen. Die Taubenfilets salzen und pfeffern und in Nußbutter rosa anbraten. Dabei regelmäßig mit der Butter übergießen.

Anrichten:
Die Salate und Kräuter in der Vinaigrette in die Mitte eines großen Löffels geben. Die Taubenfilets in feine Scheiben schneiden und fächerförmig mit den in Scheiben geschnittenen Artischockenböden darauf legen. Mit der lauwarmen Sherryvinaigrette übergießen.

Ein Kaiser liebte das Tafelsilber und machte es unsterblich

Der französische Kaiser Napoleon III. (1808-1873) hatte nur wenig von dem genialen staatsmännischen und militärischen Geschick seines berühmten Onkels, Napoleons I., geerbt. Dafür liebte er um so mehr den Frieden und das mondäne Leben. Er ernannte die größte Silbermanufaktur Frankreichs zum offiziellen Hoflieferanten, und in seiner Bleibe Malmaison am linken Seineufer, ursprünglich Sitz des einflußreichen Richelieu und 1798 von Joséphine de Beauharnais, Gattin des Napoleon Bonaparte, gekauft, ließ er tagtäglich das eigens für ihn entworfene Besteck[*5] auflegen. Es trägt bis heute den Namen der eleganten Residenz. Dem verwöhnten Monarchen war nichts schön, groß und prächtig genug.

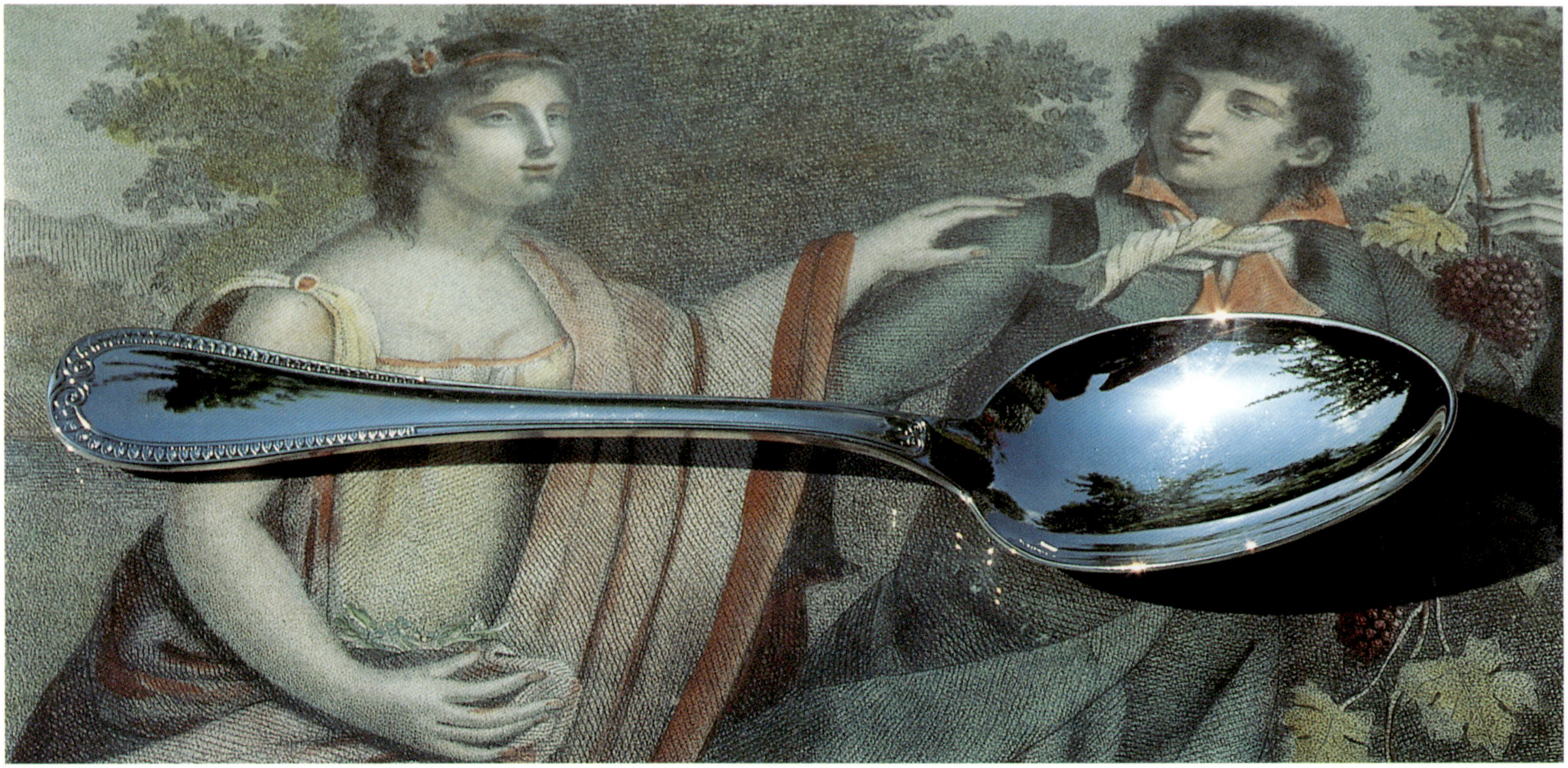

Süßsaure Kirschtomaten mit Basilikum und Räucheraal

AIGRE-DOUX DE TOMATES CERISE ET ANGUILLE FUMÉE AU BASILIC

16 Kirschtomaten

Salz

Pfeffer

5 g Zucker

Aceto Balsamico

3 Basilikumblätter

200 g Räucheraal

100 ml Kalbsjus

60 g Butter

Kerbelblättchen

Den Aal häuten, das Fleisch in kleine Würfel (1,5 cm) schneiden und beiseite stellen.
Die Kirschtomaten 2 Minuten in heißer Butter anbraten, bis die Haut aufplatzt. Den Zucker hinzufügen und leicht karamelisieren lassen. Mit Essig ablöschen. Dann Kalbsjus und das feingehackte Basilikum dazugeben. 2 Minuten köcheln lassen. Dabei die Tomaten regelmäßig mit der Flüssigkeit übergießen. Abschmecken und die Aalwürfel hinzufügen.

Anrichten:
Auf Löffel verteilen. Mit Kerbelblättchen garnieren.

Rote-Bete- und Trüffelsalat

SALADE DE BETTERAVES ROUGES ET TRUFFES

500 g rohe rote Bete
5 l Wasser
1 Zwiebel
30 g Sellerie
4 Gewürznelken
4 Lorbeerblätter
1 Knoblauchzehe
10 Wacholderbeeren
1 g frischer Ingwer
50 g Zucker
100 ml Rotweinessig
15 schwarze Pfefferkörner
5 g Salz

160 g frische Trüffeln
30 ml Trüffelöl
50 ml Olivenöl
1 TL Honig
1 TL Aceto Balsamico
1 TL Sherryessig
200 g Feldsalat

Die rote Bete bürsten und gut abspülen. Dann in Wasser mit der abgezogenen Zwiebel, Sellerie, Nelken, Lorbeer, abgezogenem Knoblauch, Wacholderbeeren, Ingwer, Zucker, Rotweinessig, schwarzem Pfeffer und Salz kochen, so daß das Gemüse bißfest bleibt. Die rote Bete in der Brühe abkühlen lassen.
Die Trüffeln in feine Scheiben schneiden und in einer Marinade aus Trüffelöl, Olivenöl, Honig, Aceto Balsamico und Sherryessig 3 Stunden ziehen lassen.

Die abgekühlte rote Bete schälen, zuerst vierteln und dann in 3 mm dicke Scheiben schneiden. Trüffeln und Rote-Bete-Scheiben mit der Marinade vermischen, salzen und pfeffern.

Anrichten:
Den Salat auf Teller geben und mit Feldsalat umgeben.

Hinweis:
Dieses Gericht kann mit Gänseleberterrine oder Geflügelconfit serviert werden.

Avocadomousse mit Tomatengelee und gerösteten Mandeln

AVOCAT ÉCRASÉ, GELÉE DE TOMATES AUX AMANDES TORRÉFIÉES

Für 8 Personen

2 Avocados
5 Tomaten
2 Blatt weiße Gelatine
30 g gehobelte Mandeln
Salz
Pfeffer
Saft von 1/2 Zitrone
1 TL Olivenöl
15 g Butter
3 EL geschlagene Sahne

Am Vortag die gewaschenen Tomaten mit dem Pürierstab zermusen und zum Abtropfen auf ein dicht gewebtes Geschirrtuch geben, um einen sehr klaren Jus zu erhalten. Es müssen etwa 300 ml Jus sein. Die Gelatine einweichen. Den Jus auf 50 ° C erwärmen (nicht höher, da er sonst trübe wird). Die Gelatine im Jus auflösen. Abschmecken und erstarren lassen.

Die Avocado schälen, den Kern entfernen und mit Salz, Pfeffer, Zitronensaft und Olivenöl pürieren. Die Masse durch ein Sieb streichen. Dann mit einem Holzlöffel vorsichtig die Sahne unterheben.

Die Mandeln 2 Minuten in frischer Butter rösten und auf Küchenpapier abtropfen lassen.

Anrichten:
Die Löffel mit Tomatengelee bedecken. Jeweils etwas Avocadomus darauf setzen. Die gerösteten Mandeln darüberstreuen.

Getrüffelte Weiße-Bohnen-Suppe

SOUPE DE HARICOTS BLANCS TRUFFEÉ

Für 4 Personen

150 g weiße Bohnen
1/2 Zwiebel
1 kleine Möhre
2 Bohnenkrautzweige
1 Gewürznelke
Pfeffer
Salz
200 ml Sahne
1/2 EL Trüffelsaft
20 g gehackte Trüffeln
1/2 EL Trüffelöl
50 g Bohnenkraut (für das Püree)
200 ml leichter Geflügel- und Kalbsfond (siehe Seite 188)
8 fritierte Bohnenkrautzweige
4 dünne Trüffelscheiben

Die Suppe:
Weiße Bohnen über Nacht in lauwarmem Wasser einweichen. Am nächsten Tag in kochendem Wasser blanchieren und in frischem Wasser mit abgezogener Zwiebel, geschälter Möhre, Bohnenkraut, Nelke und Salz bei geringer Hitze etwa 1 1/2 Stunden kochen. Einen Eßlöffel Bohnen sowie das Gemüse herausnehmen. Die Bohnen beiseite stellen. Den Rest mit der Hälfte der Sahne weitere 30 Minuten kochen lassen. Dann mit dem Schneidstab des Handrührgerätes pürieren und durch ein Sieb gießen. Die restliche Sahne schlagen und mit dem Trüffelöl, den gehackten Trüffeln und den Bohnen hinzufügen. Würzen.

Das Bohnenkrautpüree:
Das Bohnenkraut 10 Minuten in dem Fond kochen. Das Gemüse pürieren und durch ein feines Sieb streichen.

Anrichten:
Etwas Trüffelsaft in Tassen geben. Dann die Weiße-Bohnen-Suppe darübergießen. Das Bohnenkrautpüree linienförmig in die Suppe ziehen. Die fritierten Bohnenkrautzweige und jeweils eine dünne Scheibe Trüffel darauf legen.

Kalte Nudeln, Garnelen und trockene Tomaten

Pâtes froides, crevettes et tomate séchée

Für die Tomaten:

2 Tomaten

Salz

Pfeffer

3 Thymianzweige

3 Lorbeerblätter

1 Knoblauchzehe

2 EL Olivenöl

40 g dünne Bandnudeln

4 EL Olivenöl

20 ml Sahne

15 g geschälte rosa Garnelen

10 ml Aceto Balsamico

12 Basilikumblätter

Die trockenen Tomaten:

Die Tomaten abziehen, vierteln und entkernen. Auf ein Blech legen, mit Salz, Pfeffer, Thymian, Lorbeerblatt und in feine Scheibchen geschnittenem Knoblauch würzen, mit etwas Olivenöl beträufeln und etwa 3 Stunden im Backofen bei 80 °C trocknen lassen.

Nudeln in kochendem Salzwasser mit 2 Eßlöffeln Olivenöl bißfest kochen, abgießen und abkühlen lassen. In der Sahne wenden und abschmecken. Dann die Garnelen hinzufügen. 1 Stunde ruhen lassen. Mit 2 Eßlöffeln Olivenöl, Aceto Balsamico und gehacktem Basilikum würzen.

Anrichten:

Mit Hilfe einer Gabel die Nudeln mit den Garnelen in der Mitte des Löffels anrichten. Die getrockneten Tomaten darauflegen.

*Pfannkuchen mit Kopfsalat und Topinambur,
Frühlingszwiebeln mit Honig und Traubenspießchen*

PANNEQUET DE LAITUE AU TOPINAMBUR. OIGNON FANÉ AU MIEL ET BROCHETTE DE RAISINS

Für 8 Personen

8 schöne Blätter Kopfsalat
5 Topinambur
125 ml Milch
8 Frühlingszwiebeln
1 TL Honig
Weintrauben, etwa 1/2 Traube
4 Spaghetti
150 ml Rinderconsommé
1/2 Zitrone
10 g Butter
250 ml Portwein
15 g Zucker

Der Portweinsirup:
Den Portwein mit dem Zucker auf 1 Eßlöffel einkochen lassen. Ein paar Tropfen Zitronensaft hinzufügen und kalt stellen.
Die Kopfsalatblätter 10 Sekunden in sprudelnd kochendem Salzwasser blanchieren, vorsichtig abkühlen und zum Trocknen auf Küchenpapier legen.
Die Spaghetti halbieren, bei 180 °C einige Sekunden in die Friteuse geben und beiseite legen.
Die Topinambur schälen und in feine Scheiben schneiden. 15 Minuten in der Milch garen, würzen, mit dem Schneidstab des Handrührgerätes pürieren und durch ein feines Sieb streichen. Das Püree nochmals abschmecken und abkühlen lassen.
Das Püree auf den Salatblättern verteilen und kleine Pfannkuchen formen. Beiseite stellen.
Die Weintrauben 10 Sekunden in kochendem Salzwasser abbrühen, dann die Haut abziehen. Je 2 Weintrauben auf ein Spaghettistück spießen. Die Frühlingszwiebeln in einem Schmortopf 8 Minuten mit der Consommé und Butter andünsten. Würzen und abkühlen lassen. Den Honig in einer Pfanne erhitzen, bis er caramelfarben ist. Dann die Zwiebeln hinzugeben und in dem Honig wenden. Warm stellen.
Die Pfannkuchen mit etwas Rinderconsommé im Dampfofen (wenn nicht vorhanden, ein Schälchen Wasser in die Backröhre stellen) erwärmen.

Anrichten:
Die Pfannkuchen auf einen Löffel oder Teller geben. Eine Honigzwiebel und ein Traubenspießchen dazulegen. Mit etwas Portweinsirup übergießen.

EIN STÜCK FAMILIENNOSTALGIE

Tafelsilber hat oft eine symbolische Bedeutung. In vielen Familien gehört es nach wie vor zur Tradition, Tafelsilber bzw. Silberbestecke zu vererben. So manches Modell überlebt Generationen. Viele Silberwarenfabrikanten bieten neben avantgardistischen Entwürfen auch klassische, traditionelle Besteckmuster und Formen an, damit der Besteckkasten aufgefüllt und Sammlungen über viele Jahre ergänzt werden können. Zu den Klassikern gehört auch das Spatenmuster. Die ursprüngliche Form wurde in der Zeit des Barocks entworfen. Im Laufe des 19. Jahrhunderts setzte sich dann die schlichte Ausführung durch, die nahezu auf jedes zusätzliche Dekor verzichtet. Das Besteck fand in der Biedermeierzeit große Verbreitung. Die Grundform variierte von Silberschmied zu Silberschmied, wobei die besseren Meister ihren Ehrgeiz dareinsetzten, die beiden »Ohren« unterhalb der Laffe besonders herauszuarbeiten und die »Schultern« des unteren Spatens möglichst breit und markant zu gestalten. Eine Flensburger Silbermanufaktur führt die Spatenform seit der Gründung im Jahre 1874 in ihrem Sortiment.
Im Nobelhotel »Petersburg«, hoch über dem Rhein, wird den illustren Staatsgästen auf den festlich gedeckten Tafeln dieses Besteck vorgelegt.

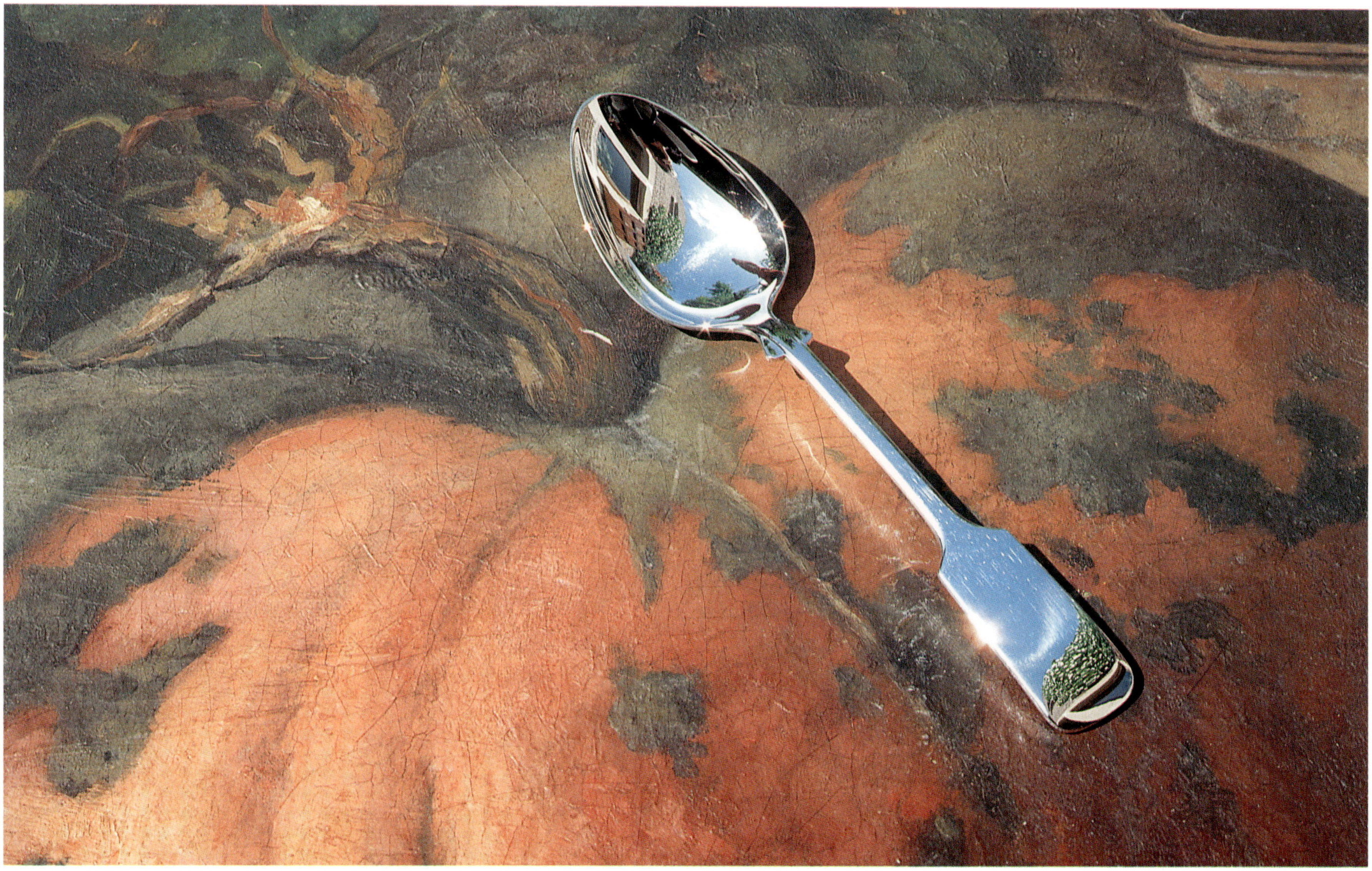

112

Rührei mit Trüffeln

OEUFS BROUILLÉS AUX TRUFFES

Für 8 Personen

8 Eier
80 g gehackte Trüffeln mit Saft
1 TL Crème double
20 g Butter

Die Eier an der spitzen Seite vorsichtig köpfen. Die Eischalen aufbewahren.

Das Eigelb und das Eiweiß vorsichtig schlagen und leicht salzen und pfeffern. Das Rührei mit 10 g Butter bei geringer Hitze stocken lassen, dabei vorsichtig mit einem Holzlöffel rühren, bis die Masse gebunden ist. Crème double, Trüffeln und Trüffelsaft hinzufügen. (Wenn die Trüffeln roh sind, werden sie unter die rohen Eier gerührt, damit sie ihr Aroma besser abgeben.)

Die Garzeit beträgt etwa 15 Minuten.

Anrichten:
Das Rührei in die Eischalen füllen.

Kräuterbeignets mit Brennesselgranité

BEIGNETS D'HERBES ET GRANITÉ D'ORTIES

Für 4 Personen

Für das Brennesselgranité:
500 ml Wasser
100 g Zucker
100 g Traubenzucker
100 g Brennesseln
Saft von 1/2 Zitrone

Für den Ausbackteig:
250 g Speisestärke
100 ml Wasser
1 Eigelb
1 steifgeschlagenes Eiweiß

Die Kräuter und Blüten:
4 Tulpen
4 mit Salz und Zucker pochierte Möhren
4 Fenchelzweige
12 Veilchen
8 Büschel Möhrengrün
4 Zitronenthymianzweige
4 Büschel roter Salbei
4 Büschel grüner Salbei
4 Liebstöckelzweige
4 Melissenzweige
4 Büschel glatte Petersilie

Der Ausbackteig:
Eigelb und Speisestärke vermischen, dann das Wasser zugeben und zu einem Teig verarbeiten. Das steifgeschlagene Eiweiß vorsichtig mit einem Spatel unterheben.

Das Granité:
Das Wasser mit dem Zucker, dem Traubenzucker, den Brennesseln und dem Zitronensaft verrühren. Aufkochen, dann 12 Stunden ziehen lassen und durch ein feines Sieb gießen. Anschließend im Tiefkühlfach gefrieren lassen. Mit einer Gabel abschaben. Das so erhaltene Granité mit einem Löffel in Eiform bringen.
Die Kräuter gründlich waschen und abtrocknen. Sonnenblumenöl in der Friteuse auf 150 °C erhitzen. Die Temperatur während des Garvorgangs erhöhen. Die Blätter und Blüten in den Ausbackteig tauchen und in die Friteuse geben. Leicht anbräunen und auf Küchenpapier abtropfen lassen.

Anrichten:
Die fritierten Blätter und Blüten mit dem Brennesselgranité auf einem Teller anrichten.

Hinweis:
Das Gericht kann mit etwas Puderzucker bestäubt werden.

Spargel mit Blumenkohlcreme und fritierten Rote-Bete-Scheiben

BOUQUET DE PETITES ASPERGES DE NICE, CRÈME DE CHOU-FLEUR ANISÉ,

TRANCHE DE BETTERAVE CROQUANTE

Für 8 Personen

32 kleine grüne Spargelstangen
16 Schnittlauchhalme
1/4 Blumenkohl
250 ml Milch
Sternanis
einige Tropfen Ricard (Anislikör)
Salz
Pfeffer
50 g Butter
1 kleine rote Bete
Weizenmehl

Die Blumenkohlcreme:
Den Blumenkohl putzen, waschen, in Salzwasser garen und abkühlen lassen. Die Milch mit dem Sternanis aufkochen. Dann den Sternanis herausnehmen und den Blumenkohl in die Milch geben. Anschließend mit dem Schneidstab des Handrührgerätes pürieren, durch ein feines Sieb streichen, abschmecken und den Ricard hinzugeben.
Den Spargel putzen und in sprudelndem Salzwasser bißfest garen. Herausnehmen und abschrecken. Im selben Wasser die Schnittlauchhalme etwa 10 Sekunden blanchieren. Jeweils 4 Spargelstangen mit zwei Schnittlauchhalmen zusammenbinden.

Die rote Bete putzen, abspülen und trockentupfen. In acht dünne Scheiben schneiden, mit etwas Mehl bestäuben und bei etwa 170 °C in der Friteuse fritieren.

Anrichten:
Den Spargel auf Teller geben und mit der Blumenkohlcreme begießen. Darauf jeweils eine Scheibe rote Bete legen.

Spargelcreme mit Kaviar

EMULSION GLACÉ D'ASPERGES AU CAVIAR

Für 6 Personen

24 Spargelstangen
1 große Kartoffel (Bintje)
das Weiße von 2 Lauchstangen
1 1/2 l leichter Geflügel- und Kalbsfond (siehe Seite 188)
Saft von 1/2 Limette
1/4 Knoblauchzehe
1 Lorbeerblatt
200 ml leicht geschlagene Sahne
Salz
frisch gemahlener weißer Pfeffer
80 g Kaviar (Iran-Asetra)

Die Kartoffel schälen, waschen und in vier Teile schneiden. Den Lauch waschen und in Stücke schneiden. Den Spargel vorsichtig von der Spitze aus schälen. Die Spitzen (3 cm) abschneiden und beiseite legen.

Geflügel- und Kalbsfond mit dem Limettensaft aufkochen lassen. Darin die Spargelstücke, Lauch, Kartoffel, Knoblauch und Lorbeerblatt etwa 40 Minuten kochen lassen. Dann durch ein feines Sieb streichen. Die Suppe abkühlen lassen. Die Sahne unterrühren, salzen und pfeffern. Mit dem Schneidstab des Handrührgerätes pürieren, um eine cremige Konsistenz zu erhalten.

Die Spargelspitzen höchstens 5 Minuten in etwas kochendem Salzwasser blanchieren. Kurz unter kaltem Wasser abspülen.

Anrichten:

Die Spargelspitzen ganz oder in Streifen in Suppentassen oder -teller legen. Die Spargelcreme darübergießen. Vor dem Servieren mit jeweils 1 Teelöffel Kaviar garnieren und mit Pfeffer bestreuen.

Hinweis:

Außer weißem, grünem oder blauem Spargel kann man auch wilden Spargel verwenden. Der Kaviar kann durch Garnelen, Hummer oder Lachs ersetzt werden.

Pochierte Wachteleier mit Safran und Blinis mit Schnittlauch

Oeufs de caille pochés au safran, petits blinis à la ciboulette

16 Wachteleier
100 ml leichter Geflügel- und Kalbsfond (siehe Seite 188)
1/4 rote Paprikaschote
20 g Butter
200 ml Sahne
2 g Safranfäden
Salz
Pfeffer
einige Tropfen Zitronensaft

Für die Blinis:
15 g Hefe
175 ml lauwarme Milch
400 g Weizenmehl
2 Eigelb
2 Eiweiß
1/4 Bund Schnittlauch
50 g geklärte Butter

Die Wachteleier in dem kochendem Fond etwa 3 Minuten pochieren.
Die rote Paprika häuten, in feine Würfel schneiden und 5 Minuten in frischer Butter dünsten. Würzen und beiseite stellen.
Sahne mit Safranfäden auf die Hälfte einkochen lassen. Mit Salz, Pfeffer und einigen Tropfen Zitronensaft würzen und warm stellen.

Die Blinis:
Die Hefe in etwas lauwarmer Milch auflösen. Gesiebtes Mehl, Eigelb und Salz vermischen. Dann die Hefemilch und die restliche Milch hinzufügen. Man erhält einen zähflüssigen Teig, der etwa 2 Stunden gehen muß.
Steifgeschlagenes Eiweiß, Schnittlauchröllchen und geklärte Butter hinzugeben. Den Teig weitere 10 Minuten ruhen lassen. Die Blinis in geklärter Butter etwa 1 Minute von jeder Seite braten. Die Wachteleier in der Safransauce 20 Sekunden leicht erwärmen.

Anrichten:
Die Blinis in der Mitte der Löffel dressieren, ein pochiertes Wachtelei darauflegen. Dann mit etwas Safransauce begießen und einige Paprikawürfel darübergeben.

„Der Löffel ist für den Brei - und also für die Unmündigen: die Kinder und die Armen. Nur kostbares Material: Silber und Gold, kann ihn gesellschaftsfähig machen", schreibt Margot Aschenbrenner. Die Zeit hat es bewiesen.

Sautierter Chicorée mit roher Gänseleber

CHICONS SAUTÉS AU FOIE D'OIE CRU

Für 8 Personen

5 Chicoréestauden
1 TL Sherryessig
1 EL Olivenöl
10 g Butter
Vier-Pfeffer-Mischung
(8 Umdrehungen mit der Mühle)
Salz
5 g Zucker
5 g geriebene Muskatnuß
30 g Périgord-Trüffeln, in feine
Streifen geschnitten
8 halbe Scheiben rohe Gänseleber
(2 mm dick)

Chicoréestauden in 3 cm breite Scheiben schneiden, gut abspülen und abtrocknen. In einer Mischung aus Olivenöl und Butter etwa 2 Minuten bei starker Hitze kurzbraten. Mit Pfeffer, Salz, Zucker und Muskatnuß bestreuen. Leicht karamelisieren lassen, mit Sherryessig ablöschen, und die Trüffeln hinzufügen. Das Ganze noch 10 Sekunden ziehen lassen.

Anrichten:
Die Chicoréescheiben auf die Löffel geben. Die Gänseleber darauf legen. Auf diese Weise schmilzt sie leicht an. Mit gemahlenem Pfeffer bestreuen.

Ein »Künstlerbesteck«: seit 1903 ununterbrochen auf dem Markt

Um die Jahrhundertwende entwarf der Worpsweder Künstler Heinrich Vogeler (1872-1942) das »Tulpenbesteck«. Auftraggeber war Alfred Walter Heymel, Herausgeber der Zeitschrift »Die Insel« in München, der die Inneneinrichtung seines Hauses ebenfalls von dem berühmten Vertreter des Jugendstils gestalten ließ. Das Besteck kam 1902/03 in den Handel und ist noch heute erhältlich. Vogeler lieferte später für eine Bremer Firma noch eine ganze Reihe weiterer Besteckentwürfe, unter anderem das Muster »Margeriten«, das inzwischen wieder auf dem Markt ist.

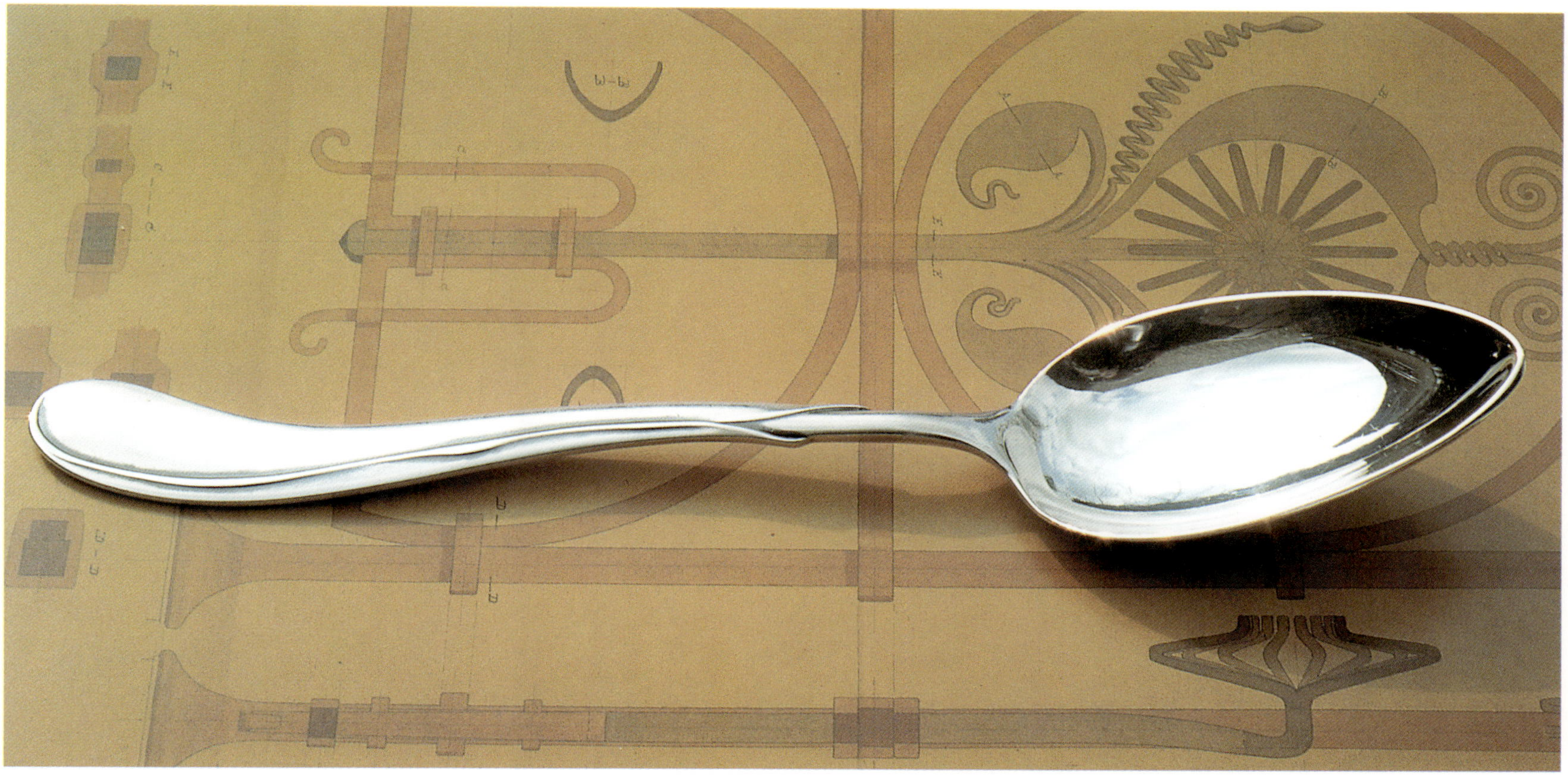

Pochierte Gänseleber mit Lorbeer, Auberginencreme mit grünen Erbsen

Escalope de foie d'oie poché au laurier, crème d'aubergines et petits pois

8 Gänselebern à 30 g

Salz

Pfeffer

24 Lorbeerblätter (möglichst frische)

200 ml Rinderconsommé

8 dünne Scheiben Speck

Für die Auberginencreme:

1 Aubergine (etwa 200 g)

1 EL Olivenöl

20 g Butter

150 g grüne Erbsen

150 ml Milch

250 ml heller Fond

Die Gänseleberscheiben 2 Stunden vor dem Garen salzen und pfeffern. In jede Leber mit einem Messer drei Kerben schneiden und die Lorbeerblätter hineinschieben.

Die Auberginencreme

Die Aubergine halbieren. Das Fruchtfleisch einritzen, würzen und mit dem Olivenöl einreiben. Die Butter in eine flache Schale geben. Die Aubergine hineinlegen und mit Aluminiumfolie bedecken. Im auf 180 °C vorgeheizten Backofen 45 Minuten garen lassen. Anschließend das Fruchtfleisch herauslösen und beiseite stellen.

Die Erbsen 4 Minuten in Salzwasser kochen. Sofort in kaltem Wasser abschrecken, damit sie ihre Farbe behalten. 50 g Erbsen zum Garnieren beiseite stellen. Den Rest mit der kochenden Milch und dem hellen Fond pürieren. 3 Eßlöffel dieser Creme ebenfalls für die Garnitur beiseite stellen. Die übrige Creme mit dem Fruchtfleisch der Aubergine vermischen und pürieren. Dann durch ein feines Sieb streichen, würzen und warm halten.

Die Speckscheiben in einer heißen beschichteten Pfanne ohne Zugabe von Fett 15 Minuten von beiden Seiten braten. Sie sollen trocken und knusprig sein.

Die Gänselebern in einer tiefen Pfanne mit der Consommé 2 Minuten bei geschlossenem Deckel garen. Anschließend die Erbsen für die Garnitur in der Kochflüssigkeit erwärmen.

Anrichten:

Jeweils eine Leber in die Mitte eines tiefen Tellers legen. Die Auberginencreme um die Leber geben. Die Erbsen darüberstreuen. Die Leber mit einer Speckscheibe bedecken.

Ganze Morcheln mit Geflügel und Gänseleber gefüllt

MORILLES ENTIÈRES FARCIES DE VOLAILLE ET FOIE

Für 12 Personen

12 große Morcheln
1 Hühnerbrustfilet
70 g Gänseleber
500 ml leichter Geflügel- und
Kalbsfond (siehe Seite188)
100 ml Sahne
60 g Toastbrot (ohne Kruste)
80 g frische Butter
1 TL gehackte Pistazien
Salz
Pfeffer

Für die Sauce:
Morchelstiele
100 ml Sahne
100 ml Milch

Die Morcheln putzen und waschen. Das Hühnerbrustfilet, die Gänseleber und die Sahne mit dem Schneidstab des Handrührgerätes pürieren und durch ein Sieb streichen. Abschmecken. Die Morcheln mit der Masse füllen. Den Fond zum Kochen bringen. Die Morcheln hinzugeben. Bei geschlossenem Deckel im Backofen bei 100 °C 10 bis 15 Minuten garen.

Für die Croûtons das Brot in regelmäßige kleine Würfel schneiden und schnell in einer Pfanne mit Butter von allen Seiten bräunen.

Die Sauce:
Die Morchelstiele in Sahne und Milch 5 Minuten kochen lassen und würzen. Anschließend mit dem Schneidstab pürieren und durch ein Sieb gießen.

Anrichten:
Etwas Sauce auf die Löffel geben, und die gefüllten Morcheln in die Mitte legen. Mit Croûtons und Pistazien bestreuen.

Trüffel mit Champagner und Gänseleber

TRUFFE AU CHAMPAGNE ET FOIE D'OIE

Für 8 Personen

geputzte frische Trüffeln à 10 g
8 kleine Scheiben rohe Gänseleber
(2 mm dick)
200 ml Brut Champagner
200 ml geklärte Rinderconsommé
1 Lorbeerblatt
4 Tropfen Aceto Balsamico
1 g Vier-Pfeffer-Mischung
50 g frische Butter
100 g weißer Knollensellerie
50 g Crème double
50 ml Rinderconsommé
Pfeffer
Salz

Die Trüffeln in einer Mischung aus Champagner, Rinderconsommé, Lorbeerblatt, Aceto Balsamico und Pfeffer kochen lassen. Nach 4 Minuten Garzeit die Trüffeln herausnehmen und warm stellen. Die Brühe auf ein Fünftel einkochen lassen. Durch ein feines Sieb gießen und mit der Butter aufschlagen.
Den Sellerie putzen und in 1 cm große Würfel schneiden. Die Crème double, die Rinderconsommé, Pfeffer und Salz hinzufügen. Die Selleriewürfel bei starker Hitze 2 Minuten kochen, so daß sie bißfest bleiben. Den Sellerie herausnehmen und die Flüssigkeit zu einer gebundenen Sauce einkochen lassen.

Anrichten:
Die Selleriewürfel auf die Löffel verteilen. Die Trüffeln in der Sauce erhitzen, auf den Selleriewürfeln verteilen und mit jeweils einer Gänseleberscheibe bedecken, so daß die Trüffeln noch zu sehen sind. Etwas Sauce darübergießen.

Kalbsfilet, Kalbsbries und Kalbsniere gedünstet

ETOUFFÉ DE RIS ET ROGNON DE VEAU

Für 4 Personen

1 Kalbsniere
200 g Kalbsfilet
200 g Kalbsbries
1 Knoblauchzehe
24 kleine weiße Rüben
32 frische kleine Zwiebeln
32 kleine Kartoffeln
200 g Ritterlinge (ersatzweise Pfifferlinge oder Austernpilze)
25 Blätter roter Salbei
200 ml gelber Wein
500 ml Kalbsjus
Pfeffer
Salz
5 Lorbeerblätter
200 g Crème double
1 EL Olivenöl
40 g Butter

Das Kalbsfilet und die Innereien in 3 cm große Würfel schneiden, leicht pfeffern und salzen.

Das Gemüse putzen und gründlich waschen.

Filet und Bries in Mehl wenden und in einer Kasserolle in Nußbutter anbraten, zunächst das Kalb 2 Minuten, dann das Bries, bis alles leicht angebräunt ist.

Die Kartoffeln, Rüben, Zwiebeln und den Knoblauch putzen und mit dem Lorbeer hinzugeben. Kalbsjus, gelben Wein und Crème double angießen. Bei geringer Hitze etwa 20 Minuten köcheln lassen.

Die Kalbsniere säubern und ebenfalls in Stücke schneiden, in sehr heißem Olivenöl sautieren und so leicht garen, daß sie innen rosa bleibt.

Anschließend die Nierenwürfel unter das Ragout mengen und mit den Salbeiblättern und geputzten Ritterlingen leicht aufkochen lassen. Abschmecken.

Anrichten:
Dieses Gericht wird in einer Schale serviert.

Ragout vom Kalbsbries mit Kardone, Trüffeln und getrocknetem Schinken

RAGOUT DE RIS DE VEAU, CARDON AUX TRUFFES, TRANCHE DE JAMBON FUMÉ SÉCHÉ

Für 8 Personen

1 Kalbsbries, etwa 200 g
1/2 Kardone
1/2 frische Trüffel
1 TL Trüffeljus
Salz
Pfeffer
250 ml Kalbsjus
Saft von 1/2 Zitrone
1 TL Cognac
2 dünne Scheiben geräucherter Schinken
80 g Butter

Den Schinken in 8 kleine Scheiben schneiden. In den auf 80 °C vorgeheizten Backofen legen und etwa 1 Stunde trocknen lassen. Die Schinkenscheiben sollen transparent sein.

Die Kardone waschen, putzen und in sprudelndem Wasser mit Zitronensaft etwa 15 Minuten kochen. Abkühlen lassen und in feine Würfel schneiden.

Das Kalbsbries unter fließendem kaltem Wasser putzen und 1 Minute blanchieren. Häute und Sehnen entfernen. Auf einem Küchentuch trocknen lassen. Anschließend das Kalbsbries in Mehl wenden. Dann in 50 g heißer Nußbutter 5 Minuten von allen Seiten gut anbraten und herausnehmen. Das Fett abgießen, den Bratensatz mit Cognac ablöschen, Kalbsjus hinzugeben und auf ein Drittel einkochen lassen. Dann durch ein feines Sieb gießen. Die Kardonenwürfel und die in feine Streifen geschnittene Trüffel hinzufügen. Die Sauce mit 30 g Butter aufschlagen. Dann den Trüffeljus zugeben. Nicht mehr kochen lassen, da sonst der Jus sein Aroma verliert. Abschmecken und beiseite stellen.

Das warme Kalbsbries in 8 Scheiben schneiden.

Anrichten:
Je eine Scheibe Kalbsbries auf einen Löffel legen, das Kardone-Trüffel-Ragout darüber geben und mit einer Scheibe Schinken bedecken.

Kalbsbries mit Rosmarin im Kohlblatt

RIS DE VEAU AU ROMARIN EN FEUILLE DE CHOU

Für 8 Personen

8 Stücke Kalbsbries à 50 g
4 Kohlblätter
8 kleine Rosmarinzweige
2 EL Kalbsconsommé

1 EL Sherryessig
80 g Butter
16 Schnittlauchhalme (4 cm lang)

Das Kalbsbries unter kaltem Wasser abspülen, etwa 1 Minute blanchieren und anschließend enthäuten. Auf ein Tuch legen, abtrocknen und mit Rosmarin spicken.

Die Kohlblätter in kochendem Wasser etwa 5 Minuten blanchieren und in kaltem Wasser abschrecken. Die Kohlblätter halbieren und ausbreiten. Die Kalbsbriesstücke darauf legen, salzen und pfeffern. Das Kalbsbries zur Hälfte einrollen (eventuell mit Küchengarn oder einem Holzstäbchen zusammenhalten) und in Mehl wenden. Bei geringer Hitze in 60 g Nußbutter (gekochte, schäumende Butter) Farbe nehmen lassen und für etwa 10 Minuten in den auf 160 °C vorgeheizten Backofen geben. Dabei regelmäßig begießen. Den Bratensatz mit dem Sherryessig ablöschen. Die Consommé hinzugeben, mit 20 g Butter aufschlagen und durch ein feines Sieb gießen.

Anrichten:
Die Kalbsbriesstücke auf die Löffel geben, mit der warmen Sauce überziehen und mit den Schnittlauchhalmen garnieren.

Hinweis:
Der Rosmarin sollte entfernt werden, falls die Zweige nicht jung sind.

IN DEN NOBELHERBERGEN
DER JAHRHUNDERTWENDE
WAR ALLES VOM FEINSTEN

Um die Jahrhundertwende bis weit in die Golden twenties tummelten sich die Happy few in den prunkvollen Hotels der mondänen Zentren Europas. Die feine Gesellschaft traf sich im Grandhotel am Lido von Venedig, im Maloja Palace Hotel in St. Moritz oder im Schloßhotel von Pontresina. Namen wie San Remo, Genua, Neapel und Montecatini waren in aller Munde. Nichts war den Herrschaften gut genug. Man tafelte vornehm und sparte nicht an Silber. Weltberühmte Künstler lieferten die Besteckentwürfe für ebenso weltberühmte Hotels. Das Toccata-Muster mit der stilisierten Blume wurde 1914 entworfen und machte in allen Salons der Hotelpaläste Furore. Nach vierzigjähriger erzwungener Produktionspause wird es nun wieder in Sachsen² hergestellt.

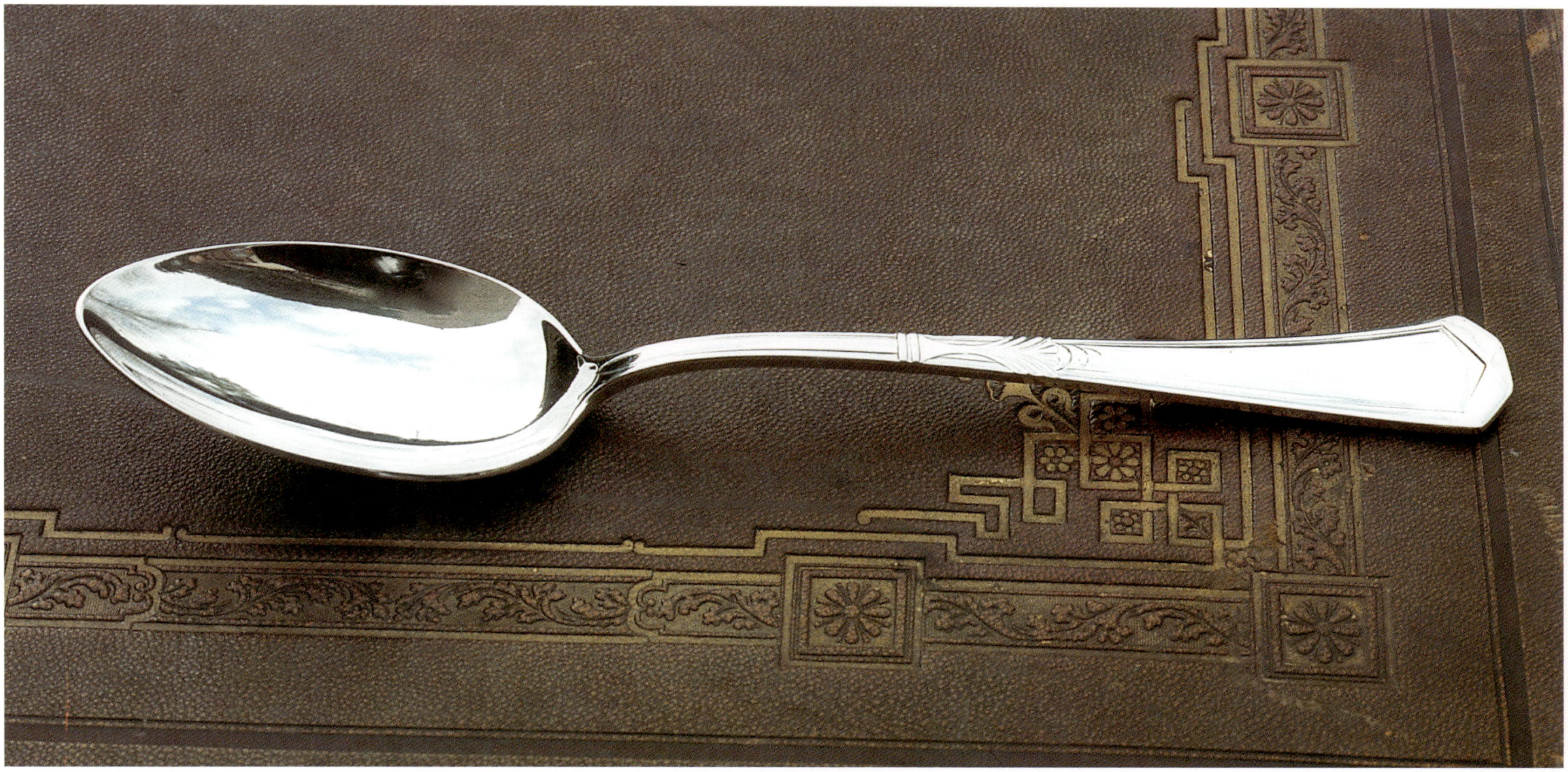

Mit Honig karamelisiertes Lammfilet »Pauillac« mit Pinienkernen und Gemüsespaghetti

FILET D'AGNEAU DE PAUILLAC CARAMELISÉ AU MIEL ET PIGNONS DE PIN,

SPAGHETTI DE LEGUMES

Für 8 Personen

8 Lammnüßchen à 20 g
1/2 Möhre
1/2 weiße Rübe
1/2 kleine Zucchini
100 g frische Butter
1/2 Schalotte
1/4 Knoblauchzehe
1 EL Tannenhonig
100 ml Lammjus
20 g gehackte Pinienkerne
Saft von 1/2 Zitrone
Salz
Pfeffer

Die Gemüse putzen, schälen und in Julienne schneiden. Salzen und pfeffern und in 50 g Butter 4 Minuten unter häufigem Rühren durch die Pfanne ziehen. Am Herdrand warm stellen.

Die Lammnüßchen salzen und pfeffern und in 50 g Butter 2 Minuten auf jeder Seite in der Sauteuse braten. Anschließend herausnehmen und das Fett abgießen. Die abgezogene, feingeschnittene Schalotte und den Knoblauch hinzugeben, kurz anschwitzen lassen, dann den Honig dazugeben und so lange erhitzen, bis er karamelfarben ist. Vom Herd nehmen, und die Pinienkerne hinzufügen. Dann die Lammnüßchen in der Honigsauce wenden und warm stellen. Den Lammjus und den Zitronensaft zu der Honigsauce geben und auf die Hälfte einkochen lassen.

Anrichten:
Die Gemüsespaghetti auf die Löffel geben. Die Lammnüßchen darauf legen. Mit der Honigsauce beträufeln.

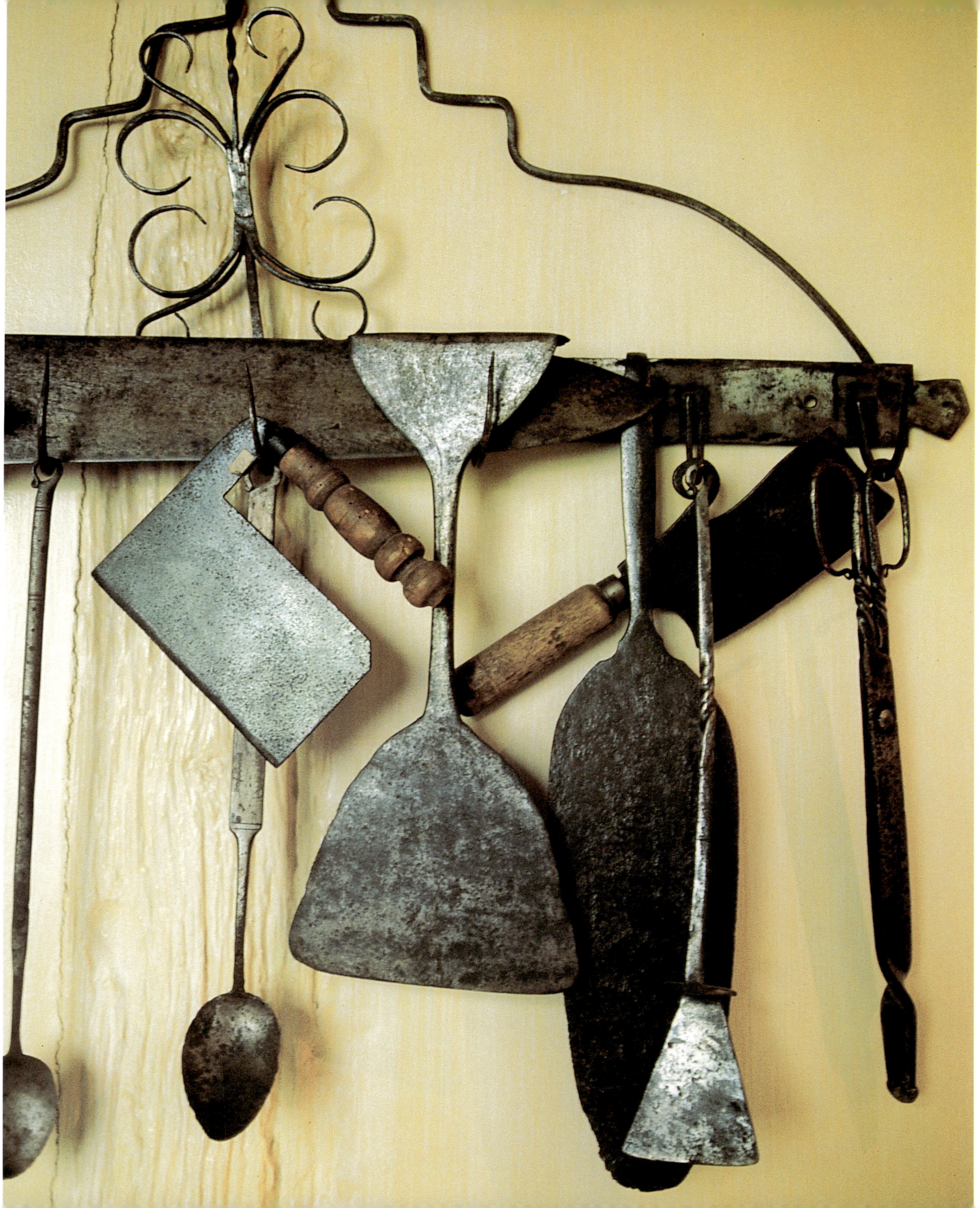

Lammzungen mit Curry und Bananen

LANGUE D'AGNEAU AU CURRY ET BANANE

Löffelhäppchen für 8 Personen

2 Bananen
1 l Wasser
2 Lammzungen
50 g Butter
1 Möhre
1 Zwiebel
das Grüne von 1 Lauchstange
Salz
Pfeffer
1 Thymianzweig
3 Lorbeerblätter
1 Gewürznelke
10 g Currypulver
200 ml Sahne
1/2 Apfel
1/2 Schalotte

Trockene Banane:
1 mm dicke Scheiben von 2 geschälten Bananen schneiden oder hobeln. Die Scheiben auf ein beschichtetes Backblech legen, dünn mit Zucker bestreuen und bei 90°C 3 bis 4 Stunden trocknen lassen.

Die Lammzungen:
Das Gemüse putzen, waschen und in Stücke schneiden. Die Lammzungen mit dem Gemüse und Thymian, Lorbeerblatt und Nelke in Salzwasser etwa 1 1/2 Stunden kochen lassen. Wenn die Zungen gar sind, herausnehmen und häuten. Anschließend in der Kochflüssigkeit warm halten.

Die Currysauce:
Den Apfel schälen und in Würfel schneiden. Die Schalotte abziehen und würfeln. Die Sahne erhitzen, Currypulver, Apfel- und Schalottenwürfel und 100 ml Kochflüssigkeit der Zungen hinzufügen und würzen. Etwa 20 Minuten bei geringer Hitze köcheln lassen. Anschließend mit dem Schneidstab des Handrührgerätes pürieren, durch ein feines Sieb gießen und abschmecken.

Die Lammzungen nochmals in der Brühe erhitzen. Dann in feine Scheiben schneiden.

Anrichten:
Die Lammzungenscheiben abwechselnd mit den trockenen Bananen auf die Löffel geben. Etwas Currysauce darübergießen.

Ochsenschwanzravioli

RAVIOLI DE QUEUES DE BOEUF

Für 10 Personen

1/2 Ochsenschwanz
1 Möhre
1 Zwiebel
das Grüne von 1 Lauchstange
Thymian
Lorbeerblatt
1 Knoblauchzehe
3 l leichter Geflügel- und Kalbsfond
(siehe Seite 188)
8 Stücke Ravioliteig (9 x 9 cm)
100 ml Erdnußöl
50 g Butter
Salz
Pfeffer
1 l Rotwein
1 Eigelb
1 Gewürznelke

Die Raviolifüllung:
Die Möhre schälen, die Zwiebel abziehen und den Lauch putzen. Dann das Gemüse kleinschneiden. Den Ochsenschwanz in zwei oder drei Stücke hacken und in Erdnußöl anbraten. Wenn er ringsum gebräunt ist, das Gemüse, Thymian, Lorbeerblatt und Knoblauch hinzufügen. Fond und Rotwein hinzugeben und 3 Stunden kochen lassen. Wenn der Ochsenschwanz gar ist, das Fleisch in größeren Stücken von Knochen und Knorpeln lösen und würzen.

Das Füllen der Ravioli:
Die Teigstücke auf der Arbeitsplatte ausbreiten. Ein Stück Ochsenschwanz in die Mitte legen, die Ränder des Teigs mit Wasser bestreichen und den Teig so zusammenklappen, daß er die Form eines Dreiecks hat. Die Ravioli 2 Minuten in kochendem Wasser blanchieren.

Die Sauce:
Die Kochflüssigkeit durch ein Sieb gießen, entfetten, einkochen lassen, mit der kalten Butter aufschlagen und würzen.

Anrichten:
Die Ravioli auf die Löffel geben, mit der Sauce übergießen und mit in kleine Würfel geschnittenem Gemüse garnieren.

Ging der Edelmann des 17. Jahrhunderts auf Reisen, so trugen seine Diener Tafelgestecke für mehrere Personen, aufbewahrt in prachtvollen Etuis, hinterher. Für eine kurze Stippvisite reichte die ganz eigene, individuelle Box. Roger Souvereyns läßt sich diesen Luxus auch heute nicht nehmen. Jahrhunderte zu spät geboren?

Rinderfilet mit Lauch und Speck und Montbazillacgelee mit Kerbel

Pressé de boeuf, mijoté de poireaux au lard, geleé de montbazillac au cerfeuil

Für 8 Personen

Für das Rinderfilet:
200 g Rinderfilet
1 Stange Lauch
2 Scheiben Speck (nicht dicker als 3 mm)
50 g saure Sahne
25 g Butter
Salz
Pfeffer

Für das Monbazillacgelee:
150 ml Monbazillac (samtiger, blumiger Likörwein aus der Dordogne)
50 g Kerbel
Salz
Pfeffer
1 TL Zucker
1/2 Blatt Gelatine
8 getrocknete grüne Lauchstücke

Den Lauch putzen, abspülen, kleinschneiden und etwa 3 Minuten in 10 g Butter dünsten. Mit der sauren Sahne ablöschen, würzen und weitere 5 Minuten dünsten. Die Sahne muß den Lauch gut überziehen. Den Speck in Würfel schneiden und zum Lauch geben. Nochmals abschmecken. Kalt stellen.

Das Monbazillacgelee, wenn möglich, einen Tag im voraus zubereiten. Den Kerbel abspülen, trockentupfen und so fein wie möglich hacken. Monbazillac zum Kochen bringen, den Zucker hinzugeben und mit Salz und Pfeffer würzen. Den Kerbel hinzufügen und 1 Minute köcheln lassen. Dann die zuvor in kaltem Wasser eingeweichte Gelatine einrühren und kalt stellen. Das Rinderfilet in der Dicke in drei Scheiben schneiden und mit Salz und Pfeffer würzen. Zwischen diese Scheiben zwei Schichten Lauch-Speck-Mischung geben. Mit Küchengarn zusammenbinden und auf jeder Seite 4 Minuten in 15 g Butter »englisch« braten. Dabei regelmäßig mit dem Fett begießen.

Anrichten:
In die Mitte der Löffel eine Scheibe Rinderfilet legen, etwas Monbazillacgelee darauf geben und mit einem fritierten Lauchstück garnieren. Lauwarm servieren.

Schweinefuß mit Kardamom

Pied de porc à la cardamome

1 Schweinefuß
Salz
Pfeffer
150 g Kalbsgehacktes
10 g gehackte Pistazien
50 g Champignons
50 g Gänseleber
2 g gehackte Kräuter
(Rosmarin, Thymian, Salbei)
1 Schweinenetz
8 zerdrückte Kardamomkapseln
Für die Sauce:
100 ml Sahne
100 ml konzentrierte
Rinderconsommé
50 g Butter
150 g Pfifferlinge
1/4 feingehackte Schalotte
1 g gehackter Zitronenthymian
oder Thymianblüten

Der Schweinefuß:
Den Knochen aus dem rohen Schweinefuß lösen. Aus dem Kalbsgehackten, Pistazien, Kräutern, der in Würfeln geschnittenen Gänseleber, den kleingeschnittenen in Butter angedünsteten Champignons, Salz und Pfeffer eine Füllung zubereiten. Den Schweinefuß mit dieser Masse füllen und in Form bringen. Mit Pfeffer, Salz und Kardamom würzen. Den Schweinefuß in das Schweinenetz wickeln, zusammenbinden und im Backofen mit 20 g Butter bei 160 °C etwa 2 Stunden schmoren lassen. Dabei regelmäßig begießen.

Die Sauce:
Die feingehackte Schalotte in 20 g Butter anschwitzen. Die Pfifferlinge hinzugeben und mit Pfeffer und Salz würzen. Unter ständigem Rühren 3 bis 4 Minuten andünsten. Das Fett vom Schweinefuß abgießen. Den Bratensatz mit Rinderconsommé und Sahne ablöschen. Auf die Hälfte einkochen, abschmecken und durch ein feines Sieb gießen.

Anrichten:
Den Schweinefuß in 8 Scheiben schneiden. Etwas Sauce auf die Löffel geben und die Schweinefußscheiben darauf legen. Die Pfifferlinge darüberlegen. Mit Zitronenthymian oder Thymianblüten bestreuen.

Das Gericht kann auch auf Tellern serviert und mit in Olivenöl geschwenkten Thymianzweigen garniert werden.

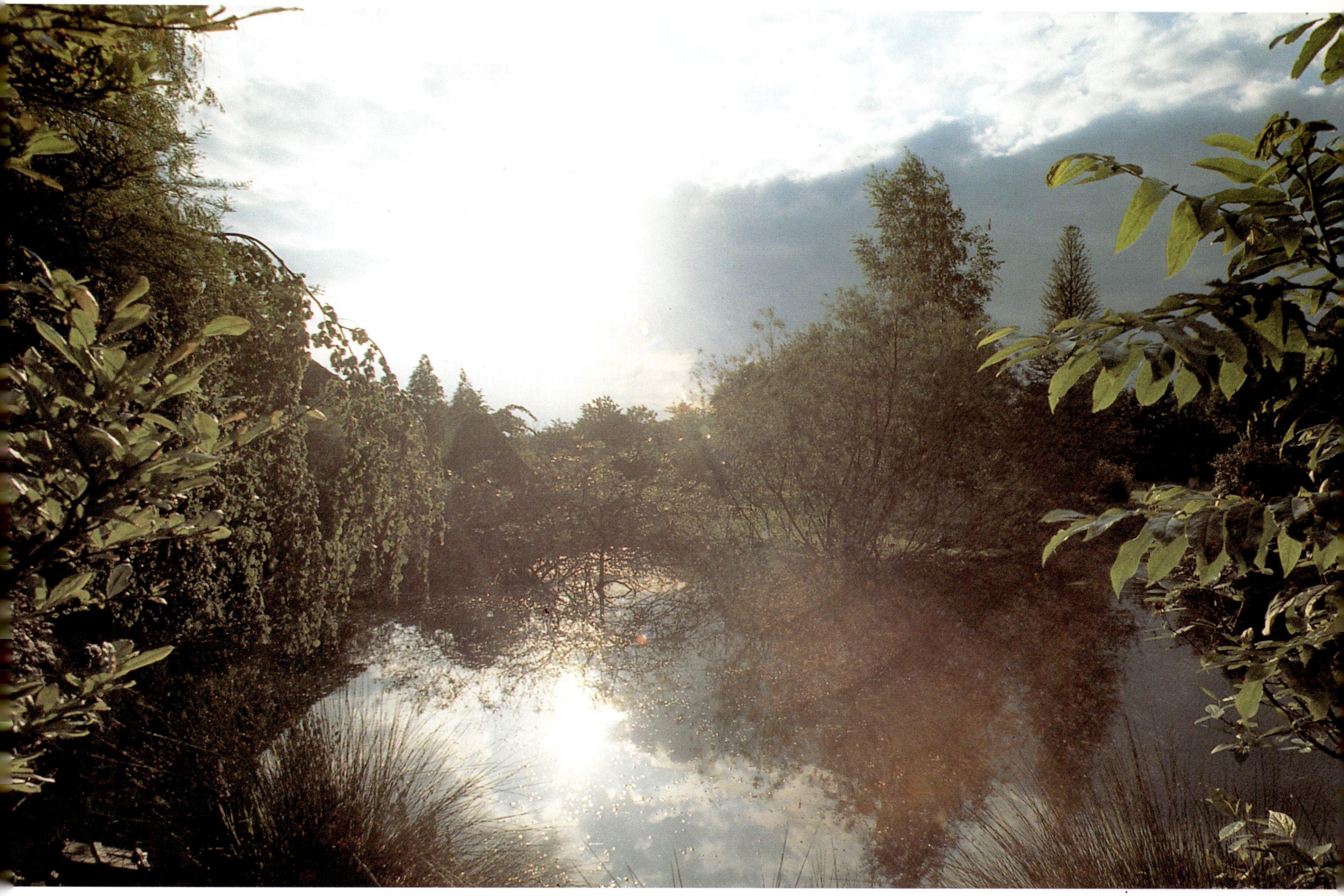

Blutwurst-Mousse mit halb getrockneten weißen Trauben, Pastinaksauce und wildem Anis

MOUSSE DE BOUDIN NOIR AUX RAISINS BLONDS ET CRÈME DE CAROTTES BLANCHES A L'ANIS SAUVAGE

Für die Blutwurst:
20 g Zwiebeln
20 g Butter
120 ml leichter Geflügel- und Kalbsfond (siehe Seite 188)
Pfeffer
Salz
5 g Zucker
100 g Schweineblut
Muskatnuß
1 g Vier-Gewürz-Mischung
50 ml Sahne
10 g halb getrocknete Trauben

Für die Sauce:
150 g Pastinaken
50 ml Milch
30 ml Sahne
1/2 g wilder Anis

Die Blutwurst:
Die Zwiebel schälen, fein schneiden und in der Butter leicht anbräunen. Den Fond hinzugießen und bei geschlossenem Deckel 15 Minuten schmoren lassen. Auf diese Weise erhält man ein Zwiebelpüree. Mit Pfeffer und Salz abschmecken und den Zucker hinzufügen. Das Zwiebelpüree mit dem Schweineblut vermischen. Mit Pfeffer, Salz, geriebener Muskatnuß und der Gewürzmischung würzen. Die Masse in eine mit Folie ausgekleidete tiefe Platte geben und im Wasserbad etwa 20 Minuten garen. Abkühlen lassen. Dann die geschlagene Sahne und die Trauben zu der Masse geben. Gut vermischen und abschmecken.

Die Pastinaksauce:
Die Pastinaken schälen, waschen und klein schneiden. 30 Minuten in Salzwasser kochen. Milch und Sahne mit dem wilden Anis erwärmen. Die Pastinaken abgießen, jedoch nicht abschrecken. Mit Milch, Sahne und Anis vermischen. Die Sauce durch ein Spitzsieb gießen und abschmecken.

Anrichten:
Jeweils einen Löffel Blutwurst-Mousse in die Mitte eines Tellers legen. Mit der Pastinaksauce umgießen. Das Gericht kann mit einem Zweig Anisblüten garniert werden.

151

Bestecke für jedermann: innovative Massenproduktion

Bereits um die Jahrhundertwende schossen Großbetriebe mit Tausenden von Beschäftigten, die sich auf die Herstellung von Tafelbestecken verlegten, wie Pilze aus der Erde. Jeder bekam seinen Löffel, jeder sein eigenes Besteck. Reines Silber ersetzte man durch neue Legierungen und Silberimitationen. Kataloge mit einer unendlichen Vielfalt an Bestecken und Vorlegeteilen wurden überall herumgereicht. Die Entwürfe waren vielleicht nicht so spektakulär, dafür aber preiswerter und praktisch und dafür prädestiniert, sich als Gebrauchsgegenstand in den bürgerlichen Haushalten dauerhaft einen Platz zu sichern. Trotz der Massenproduktion war und ist bis heute die künstlerische Beratung entscheidend. In Süddeutschland war der langjährige Atelierleiter Kurt Mayer (1894-1981) der Motor für den kommerziellen Erfolg vieler Bestecke. Sein Entwurf Nr. 2500*[6] kam 1932 auf den Markt und erfreut sich auch heute noch dank seiner sachlichen, geradlinigen Form großer Nachfrage.

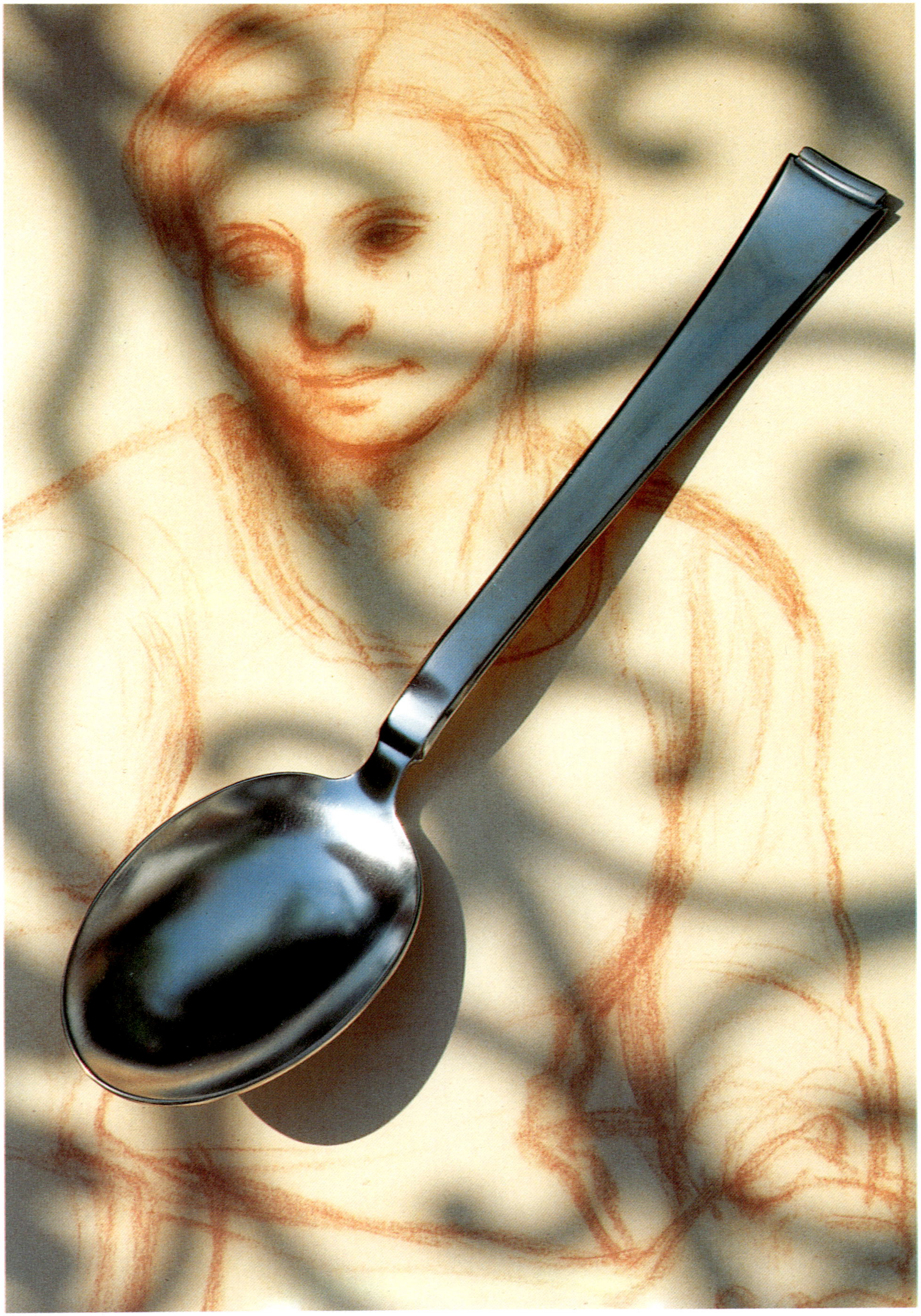

Geflügelbürzel mit Selleriestreifen und Armen Rittern aus Nußbrot

SOT L´Y LAISSE DE VOLAILLE, CELERIS TOMBÉS, PAIN PERDU AUX NOIX

16 Geflügelbürzel, etwa 150 g
40 g Knollensellerie, in feine Streifen geschnitten
1/4 Bund Schnittlauch, in Röllchen geschnitten
2 Scheiben Nußbrot
150 g Crème double
1 mittelgroße Kartoffel
120 g Butter

Für die Sauce:
1/4 Schalotte
10 g Butter
1 Lorbeerblatt
1 kleiner Thymianzweig
100 ml Geflügeljus
Salz
Pfeffer

Die Sauce:
Die Schalotte in 10 g Butter anschwitzen. Das Lorbeerblatt und den Thymian hinzufügen. Mit Geflügeljus auffüllen und auf die Hälfte einkochen lassen. Durch ein feines Sieb streichen.

Die Geflügelbürzel in 60 g Butter 3 Minuten braten und leicht anbräunen lassen. Mit der Sauce ablöschen, 2 bis 3 Minuten einkochen lassen und in der Sauce warm stellen.
Die Crème double aufkochen lassen und die Selleriestreifen zugeben. Würzen und 5 Minuten kochen lassen. Die Selleriestreifen sollten bißfest sein. Die Schnittlauchröllchen hinzufügen und warm stellen.

Das Ei verschlagen und würzen. Das Nußbrot im Ei wenden und in 50 g Butter anbraten. Jede Scheibe in 4 Dreiecke schneiden.
Die Kartoffel schälen, waschen, gut abtrocknen, in feine Scheiben hobeln und bei 180 °C etwa 2 Minuten in der Friteuse backen.

Anrichten:
Jeweils ein Stück Armer Ritter auf einen Löffel oder Teller legen. Darauf 2 Geflügelbürzel und Selleriestreifen mit etwas Creme verteilen. Das Ganze mit der Sauce übergießen und mit einem Kartoffelchip abdecken.

Brustfilet vom Bressehuhn mit weißem Rum und Vanille, Sauce aus roten Zwiebeln und fritierten Spinatblättern

VOLAILLE DE BRESSE BRAISÉ AU RHUM BLANC ET À LA VANILLE,

FONDUE D'OIGNONS ROUGES ET FEUILLE D'ÉPINARDS FRITS

Für 8 Personen

2 Brustfilets vom Bressehuhn
500 ml Sahne
1/2 TL gemahlener Zimt
1/2 TL Vanilleextrakt, flüssig
Salz
Pfeffer
1 TL weißer Rum
10 g Zucker
1 rote Zwiebel
50 g Butter
100 ml leichter Geflügel- und Kalbsfond (siehe Seite 188)
8 kleine Spinatblätter

Die Sahne mit Zimt, Vanille, Salz und Pfeffer auf die Hälfte einkochen lassen. Dann den Rum hinzufügen und die Creme erkalten lassen. Die mit Salz und Pfeffer gewürzten Hühnerfilets hineinlegen und im Kühlschrank 48 Stunden ruhen lassen. Durch das Einlegen schmeckt das Hühnerbrustfilet nach dem Garen wesentlich zarter.

Die Zwiebel abziehen, in dünne Scheibchen schneiden, in der Butter andünsten, würzen, zuckern und 15 Minuten dünsten. Mit dem Fond auffüllen und weitere 10 Minuten einkochen lassen, bis die Flüssigkeit vollständig verdampft ist. Abschmecken.

Die Hühnerfilets aus der Creme nehmen, die Creme erhitzen und die Hühnerfilets etwa 8 Minuten darin garen. Jedes Filet in 4 Scheiben schneiden. Die Creme würzen und durch ein feines Sieb streichen. Die Spinatbätter abspülen und trockentupfen. Einige Sekunden bei etwa 170 °C in der Friteuse fritieren und auf Küchenpapier abtropfen lassen.

Anrichten:

Jeweils etwas Zwiebelsauce in einen Löffel geben. Eine Hühnerfiletscheibe darauf legen und mit der Creme begießen.

Mit einem fritierten Spinatblatt garnieren.

Wildtaubenfilets und Sauerkirschkompott mit Zimt

Filet de pigeon ramier, compote de griottes à la cannelle

2 Wildtauben

80 g Sauerkirschen

1/4 Zimtstange

200 ml Taubenfond

1/4 Schalotte

1 TL Zucker

Salz

Pfeffer

45 g Butter

Das Kompott:

Die Schalotte abziehen, fein hacken und in 10 g Butter andünsten. Zimt hinzufügen, dann die Sauerkirschen dazugeben und Saft ziehen lassen. Zucker hinzufügen und mit 50 ml Taubenfond übergießen. Etwa 15 Minuten bei geringer Hitze zu Kompott einkochen lassen.

Die Filets:

Das Brustfilet von den Tauben ablösen. Die Taubenfilets würzen und etwa 5 Minuten in 15 g schäumender Butter braten. Dabei immer wieder mit der Butter begießen. Die Taubenfilets aus der Pfanne nehmen und warm stellen. Das Fett abgießen und den Bratensatz mit 150 ml Taubenfond ablöschen. Würzen, einkochen lassen und mit 20 g Butter aufschlagen. Die Sauce durch ein Sieb gießen und mit dem Kompott vermischen.

Die Taubenfilets in feine Scheiben schneiden.

Anrichten:

Das Kirschkompott in die Mitte der Löffel geben. Die Filetscheiben darüberlegen.

Gebratenes Wildentenfilet mit Maipilzsalat

AIGUILETTE DU COLVERT RÔTI ET SALADE DE MOUSSERONS DES PRÉS

Für den Maipilzsalat:

2 EL Sahne

150 g Maipilze

Salz

Pfeffer

1/2 Schalotte

10 Schnittlauchhalme

1/2 TL Zitronensaft

1/2 TL junger Aceto Balsamico

Für die Ente:

1 EL Olivenöl

1 Wildente

Salz

Pfeffer

4 Blätter Salbei

20 g Butter

Der Maipilzsalat:

Die Maipilze putzen, mit Küchenpapier abreiben und mit Salz und Pfeffer würzen. Zitronensaft, Sahne und Schnittlauch hinzufügen und kalt stellen.

Für den Entenfond die Brustfilets vom Gerippe lösen. Das Gerippe mit den Keulen kleinhacken. Die Stücke in einem Bräter im Backofen bei 250 °C leicht anbräunen. Dann 1 l Wasser hinzufügen und bei geringer Hitze kochen lassen. Auf 1/10 der Menge einkochen. Durch ein feines Sieb gießen und beiseite stellen.

Die Entenfilets würzen und in heißem Olivenöl etwa 2 Minuten auf jeder Seite braten. Dabei immer wieder mit dem Fett begießen. 2 bis 3 Minuten abgedeckt ruhen lassen. Das Fett aus der Pfanne abgießen, den Bratensatz mit Aceto Balsamico ablöschen und 100 ml Fond hinzugeben. Auf die Hälfte einkochen lassen. Die Pfanne vom Herd nehmen und die Sauce mit der Butter aufschlagen. Würzen, die Sauce durch ein Sieb gießen und gehackte Salbeiblätter hinzufügen.
Die Filets halbieren.

Anrichten:

Die Filets in der Mitte der Löffel anrichten. Die Pilze in der Sahnesauce wenden und auf die Filets legen. Mit der Entensauce überziehen.

Gefüllter Kaninchenrücken mit Langustinen

Roulade de lapin farci aux langoustines

Für 8 Personen

1 Kaninchenrücken
4 Langustinenschwänze
6 blanchierte Rote-Bete-Blätter
1 Schweinenetz
5 Salbeiblätter
30 g Butter

Für die Füllung:
1/2 Hähnchenbrustfilet
1 Ei
50 ml Sahne
Pfeffer
Salz

Für die Sauce:
20 g gebräunte Butter
5 g Kapern
20 g feingehackte glatte Petersilie

Garnitur »Julienne«:
500 g rote Bete
1 l Hühnerbrühe
20 ml Sherryessig
20 ml Rotweinessig
100 ml Rotwein
Pfeffer
Salz
1 TL Zucker
5 schwarze Pfefferkörner
2 Gewürznelken
6 Wacholderbeeren

Die Füllung:
Das Hähnchenfleisch fein zerkleinern. Mit dem Ei und der Sahne verrühren, salzen und pfeffern.

Die Julienne:
Die rote Bete mit der Hühnerbrühe, Essig, Rotwein und den Gewürzen in einen Topf geben. Bei geringer Hitze kochen lassen, bis sie bißfest gegart sind. Die Brühe durch ein feines Sieb gießen und beiseite stellen. Die rote Bete in feine Streifen schneiden.

Den Kaninchenrücken vom unteren Teil des Rückens aus entbeinen. Dabei so nah wie möglich am Gerippe schneiden, damit der Rücken in einem Stück bleibt. Das Gerippe und die Knochen zerhacken und beiseite stellen. Das Rückenfilet auf *die Arbeitsfläche legen, salzen und pfeffern. Mit etwas Füllung bestreichen, und die Salbeiblätter darauf ausbreiten. Die Langustinenschwänze in die Mitte des Rückens legen. Das Ganze wieder in Form bringen. Den Kaninchenrücken auf die blanchierten Rote-Bete-Blätter legen, dann auf das Schweinenetz und einwickeln. Sehr langsam in 30 g Butter 30 Minuten im auf 160 °C vorgeheizten Backofen mit den Knochen braten lassen. Dabei regelmäßig mit dem Fett übergießen. Den Kaninchenrücken und die Knochen herausnehmen. 2 l Wasser hinzufügen. Kräftig rühren und auf 50 ml einkochen lassen.*

Die Sauce:
Die Rote-Bete-Streifen in 50 ml Kochflüssigkeit unf 50 ml Kaninchenbrühe erwärmen. Zum Schluß die Petersilie, die Kapern und die Butter hinzufügen.

Anrichten:
Die rote Bete auf den Löffeln anrichten. Den in Scheiben geschnittenen Kaninchenrücken darauflegen. Mit der Sauce übergießen.

Langustenscheibchen „Eugénie", Tomatenconfit in vanillisiertem Olivenöl

Rouelle de langouste „Eugénie", tomates confites entières à l'huile d'olive vanillé

Für 4 Personen:
1 Languste
Für den Sud:
1/2 l trockener Weißwein
1 große Zwiebel
1 Thymianzweig
2 Lorbeerblätter
5 zerstoßene Pfefferkörner
1 EL grobes Salz
1 Stange Sellerie
1 Petersilienzweig
1 Möhre
Saft von 1/2 Zitrone
Für das Tomaten-Confit:
4 Tomaten à ca. 40 g
100 ml Olivenöl
1/2 Vanilleschote, längs aufgeschnitten
1 Thymianzweig
Salz und Pfeffer
1 Lorbeerblatt

Für den Salat:
1 Zweig glatte Petersilie
1 Zweig krause Petersilie
4 Basilikumblätter
1/2 Estragonzweig
10 Kerbelblättchen
1/4 Bund Schnittlauch, in Stifte geschnitten
1/2 Korianderzweig
1/2 Bund Brunnenkresse
Salz und Pfeffer
1/2 TL Aceto Balsamico

Der Sud:
Die Gemüse waschen, schälen und grob würfeln. Alle Zutaten in eine Kasserolle geben, mit Weißwein und Wasser aufgießen. Auf die Hälfte reduzieren, dann die Languste hinzufügen und 10 Minuten sprudelnd kochen. Die gegarte Languste herausnehmen, abkühlen lassen und schälen. Den Schwanz in vier große Scheiben schneiden, das restliche Fleisch aus dem Panzer und den Scheren lösen, zerkleinern und beiseite stellen.

Das Tomaten-Confit: Das Olivenöl erwärmen und mit der Vanilleschote, Salz, Pfeffer, Lorbeerblatt und Thymianzweig würzen. Die Tomaten hineingeben und bei geringer Hitze (100°C) 30 Minuten garen.

Die Tomaten müssen sich weich anfühlen, sollen jedoch ganz bleiben und nicht zerdrückt werden. Nach dem Garen auf Küchenpapier abtropfen lassen. Das Öl für das Anmachen von Salat und Languste aufbewahren.

Der Salat

Alle Kräuter waschen und in einer Salatschleuder trocknen. Die Blättchen abzupfen und mit 3 bis 4 Eßlöffeln Olivenöl (von den Tomaten) vermengen. Mit Salz und Pfeffer abschmecken.

Die Langustenscheiben und das zerkleinerte Langustenfleisch vorsichtig mit dem Öl, etwas Aceto Balsamico, Salz und Pfeffer würzen.

Anrichten:

Von den Tomaten einen Deckel abschneiden. Die Tomaten auf Löffel legen. Das zerkleinerte Langustenfleisch sowie den Salat daraufgeben. Die Tomate wieder schließen, die Langustenscheibe daneben legen und vorsichtig mit einem feinen Strahl Olivenöl übergießen.

Die Tomate und die Languste können warm oder kalt serviert werden.

Gebratene Gänseleberscheibe „Walda" auf Ananastörtchen mit Banyuls-Wein und Curry-Blüten

Tranche de foie d'oie „Walda" rotie à la fleur de curry, petite tarte d'ananas au Banyuls

8 Gänseleberscheiben à 70 g
1/2 Ananas, in 1/2 cm große Würfel geschnitten
1/2 l Banyuls-Wein
1/2 Zweig frische Curry-Blüten
1 gestrichener EL Kristallzucker
150 g Blätterteig
Salz und Pfeffer

1/4 Flasche Banyuls-Wein
10 g Zucker
einige Tropfen Limettensaft

2 Eigelb
150 g geklärte Butter
Salz und Pfeffer

Für den Teigdeckel:
55 g Weizenmehl
50 g zerlassene Butter
75 g Eiweiß, Salz

Die Ananas, den Wein, Zucker und Curry-Blüten etwa 1 1/2 Stunden in einer Sauteuse bei geringer Hitze köcheln lassen, bis die Ananas den Wein aufgesogen hat. Den Curry-Zweig entfernen und, falls nötig, den Säuregrad durch Zugabe von Zucker korrigieren. Abschmecken und warm halten.

Der Banyuls-Sirup:
Den Wein mit Zucker erhitzen und auf Sirupdicke reduzieren. Mit Limettensaft abschmecken.

Der Teigdeckel:
Mehl, Butter, Eiweiß und eine Messerspitze Salz etwa 3 Minuten mit dem Knethaken des Küchengeräts kneten. Den Teig dünn auf Pergamentpapier zu einem Rechteck ausrollen und etwa 2 Minuten bei 160 °C im Ofen backen. Kreise von 7 cm Durchmesser ausstechen. Warm halten. Den Blätterteig sehr dünn ausrollen und einstechen. Bei 200 °C im Ofen backen. Kreise von 7 cm Durchmesser ausstechen.

Die Leber in einer beschichteten Pfanne ohne Zugabe von Fett von jeder Seite etwa 1 Minute braten. Abtropfen lassen und beiseite stellen. Das Eigelb mit ein paar Tropfen Wasser aufschlagen. Vom Herd nehmen. Die Butter langsam hineingeben. Abschmecken.

Anrichten:
Je einen Blätterteigboden auf einen Teller legen, die Ananasmasse darauf verteilen. Leber und Deckel darauflegen. Mit Sauce und Sirup beträufeln.

168

Kalte Gemüseratatouille

RATATOUILLE DE LÉGUMES FROIDE

Für 8 Personen

2 EL Olivenöl
30 g Butter
1 dicke Zwiebel
1 kleine Fenchelknolle
1 kleine Kartoffel
1 kleine Knoblauchzehe
1/2 ungeschälte Zucchini
1/2 geschälte Aubergine
1/3 geschälte Gurke
4 Tomaten
Pfeffer
Salz
Koriander
Kümmel
2 Zitronenthymianzweige
30 g Petersilie
10 g Estragon
6 Sauerampferblätter

Das Gemüse putzen und in 1,5 cm große Würfel schneiden. Getrennt aufbewahren. Das Öl und die Butter erhitzen. Die Zwiebel und den Fenchel leicht andünsten, ohne daß sie Farbe annehmen. Nach 5 Minuten die Kartoffel hinzufügen. Nach weiteren 5 Minuten den Knoblauch und das übrige Gemüse bis auf die Tomaten hinzugeben. Den Deckel auflegen und bei geringer Hitze schmoren lassen. Dabei regelmäßig umrühren.

Die Tomaten abziehen, die Kerne herausdrücken und das Fruchtfleisch in kleine Würfel schneiden. Nach etwa 40 Minuten die Tomaten hinzufügen. Weitere 5 Minuten schmoren lassen. Dann mit Salz und Pfeffer abschmecken. Den Topf vom Herd nehmen und die Gewürze sowie die feingehackten Kräuter hinzufügen.

Falls nicht genug Flüssigkeit vorhanden ist, etwas Wasser oder Bouillon zugießen. Abkühlen lassen.

Anrichten:
Das Gericht kann lauwarm in Löffeln oder Schalen serviert werden.

Kirschsuppe mit Pfefferminze und Kirschsorbet

SOUPE DE CERISES À LA MENTHE, SORBET CERISES

Für 8 Personen

Für die Suppe:
250 ml Rotwein
20 ml Portwein
25 Blätter Pfefferminze
20 ml Sherry
1/2 Knoblauchzehe
1/2 Zimtstange
einige Korianderzweige
1/2 TL schwarzer Pfeffer
20 g abgeriebene Orangenschale (unbehandelt)
75 g Zucker
300 g Kirschen der Saison

Für das Kirschsorbet:
550 g Kirschen
75 g Zucker
einige Blätter Pfefferminze zum garnieren

Das Kirschsorbet:
450 g Kirschen entsteinen. Die Früchte pürieren und durch ein feines Sieb streichen. Auf diese Weise erhält man ca. 350 ml Kirschsaft. Den Saft mit Zucker mischen und langsam erwärmen, bis sich der Zucker aufgelöst hat. Anschließend in die Eismaschine geben. Sobald die Masse die Konsistenz von Sorbet hat, 100 g entsteinte und halbierte Kirschen hinzufügen.

Die Suppe:
Den Wein mit den Würzzutaten aufkochen und auf die Hälfte einkochen lassen. Durch ein feines Sieb gießen. Pfefferminzblätter, Orangenschale sowie die entsteinten Kirschen hinzufügen. 3 Minuten bei geringer Hitze kochen und dann abkühlen lassen.

Anrichten:
Das Sorbet mit Hilfe eines Löffels in die Mitte kleiner tiefer Teller geben. Mit der Suppe umgießen und mit Pfefferminzblättern bestreuen.

DAS HOCHZEITSGESCHENK FÜR DEN GROSSHERZOG

Der in Antwerpen geborene Architekt und Protagonist der »Art Nouveau« Henri van de Velde (1863-1957) wurde Anfang des Jahrhunderts in das Großherzogtum Sachsen-Weimar berufen, wo man ihn damit beauftragte, für die Hochzeit des Großherzogs am 30. April 1903 das gesamte Tafelsilber sowie die zahlreichen Bestecke zu entwerfen, die auf Wunsch des adligen Kunstliebhabers das Geschenk des Landes darstellen sollten. Ein Kenner meint, daß bei keinem anderen kompletten Tafelsilber des 20. Jahrhunderts in so »kompromißloser Weise die Formensprache eines Künstlers zur Anwendung gelangen konnte«.

46125 46126 45155 45156 45157 45158 46130

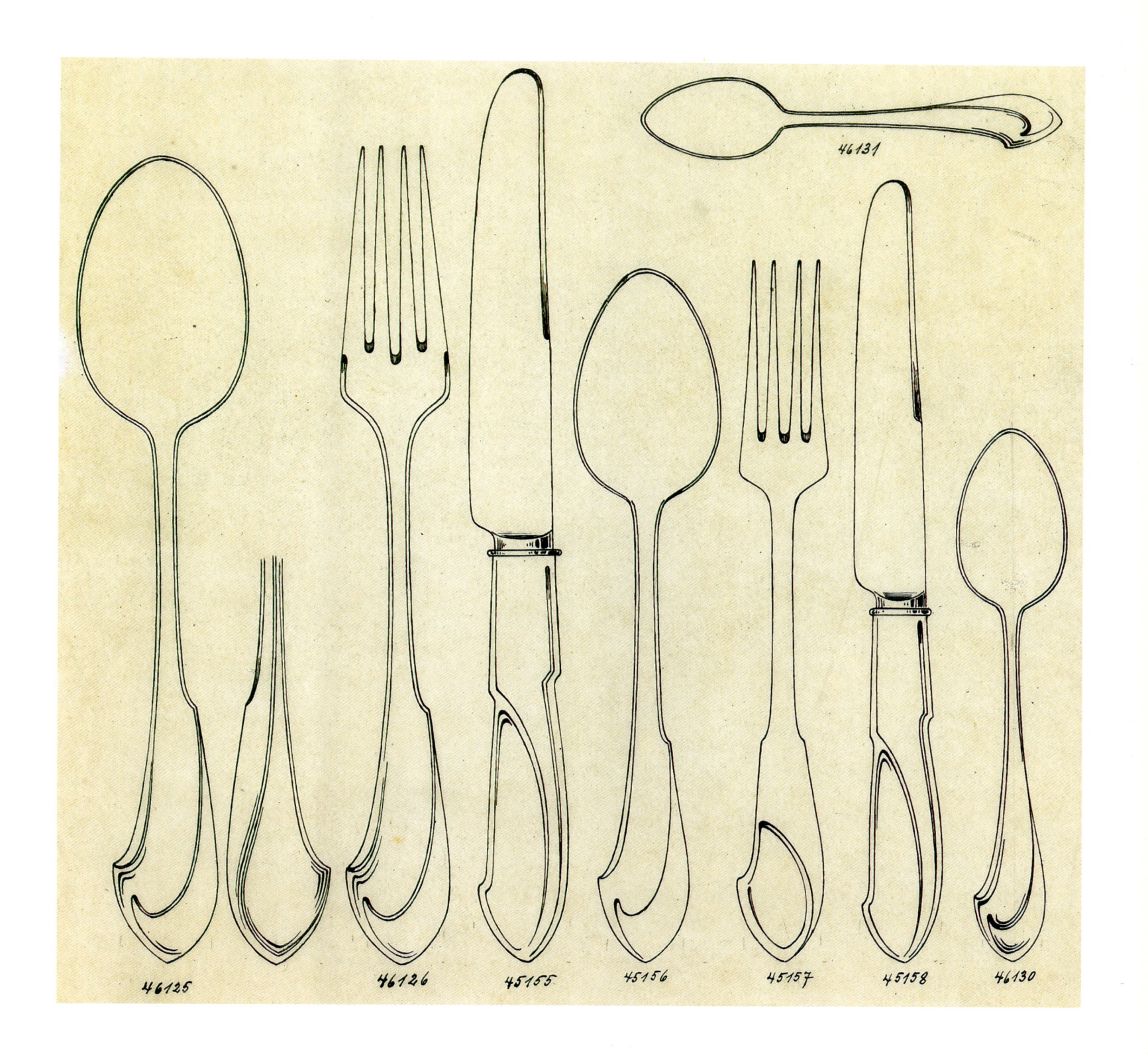

46131

In Olivenöl marinierter Reblochon mit geriebenem Pfefferkuchen, Roggenbrot mit Kichererbsensuppe

Reblochon macéré à l'huile d'olive et poudre de pain d'épices, tartine de seigle à la purée de pois chiches

Für den Käse:

300 g Reblochon

2 EL Olivenöl

1 Lorbeerblatt

Pfeffer

Salz

1 Scheibe getrockneter Pfefferkuchen

Für das Kichererbsenpüree:

100 g Kichererbsen

5 g grobes Salz

1 Thymianzweig

1 Lorbeerblatt

50 ml Sahne

50 ml Milch

Pfeffer

Salz

1 TL Zitronensaft

Schale von 1/2 Zitrone

8 Scheiben Roggenbrot à 15 g

Der Käse:

Diese Zubereitung erfolgt am Vortag. Das Olivenöl mit dem Lorbeerblatt erwärmen und leicht mit Pfeffer und Salz würzen. Den Pfefferkuchen fein reiben und hinzufügen. Die Marinade in einen tiefen Teller gießen. Den Reblochon hineinlegen und 24 Stunden marinieren lassen. Die Brotscheiben rösten und beiseite stellen.

Das Kichererbsenpüree:

Die Kichererbsen in kaltem Wasser etwa 1 1/4 Stunde einweichen. Dann die Erbsen in 3 l Wasser mit grobem Salz, Thymian und Lorbeerblatt zum Kochen bringen. Wenn die Erbsen gar sind, werden sie (ohne Kochwasser) mit der zuvor aufgekochten Sahne und Milch mit dem Schneidstab püriert. Die Masse durch ein Sieb gießen, abschmecken und den Zitronensaft hinzugeben. Abkühlen lassen.

Die Brotscheiben mit dem Kichererbsenpüree bestreichen und mit geraspelter Zitronenschale bestreuen.

Anrichten:

Den Reblochon in gleich große Stücke schneiden und in die Mitte der Teller legen. Mit der Marinade übergießen. Dazu jeweils eine Brotscheibe legen.

Lauwarmer St. Marcellin, Birnenkompott mit Cashewkernen, parfümierte Sahnesauce

St-Marcellin tiède, compote de poires Ailliam aux noix de cajou et crème citronnée à la sauce „Ananas"

Für das Birnenkompott:

500 g Williamsbirnen (ca. 3 Stück)
125 ml Wasser
5 g Butter
50 g Zucker
80 g Cashewkerne

Für die Sahnesauce:
2 EL Sahne
10 Blätter gehackter Ananassalbei
1 EL geschlagene Sahne
125 g Joghurt
Saft von 1 Zitrone
Pfeffer
Salz

4 Stücke St.Marcellin (Käse aus Kuhmilch)

Das Kompott:
Die Birnen waschen und schälen. Das Kerngehäuse herausschneiden. Die Früchte in kleine Stücke schneiden. Mit Wasser, Butter und Zucker 45 Minuten bei geschlossenem Deckel köcheln lassen. Die Birnen mit einer Gabel leicht zerdrücken. Die Cashewkerne hacken und hinzufügen. Beiseite stellen.

Die Sahnesauce:
1 Eßlöffel Sahne mit dem gehackten Ananassalbei zum Kochen bringen. Abkühlen lassen. Dann 1 Eßlöffel Sahne, die geschlagene Sahne, Joghurt und Zitronensaft hinzugeben, Mit Pfeffer und Salz abschmecken. Die Sauce muß dickflüssig sein.

Die Käsestücke halbieren und im auf 120°C vorgeheizten Backofen 2 Minuten erwärmen.

Anrichten:
Jeweils etwas Birnenkompott in die Mitte eines Tellers geben. Den Saint-Marcellin darauf legen und mit der Sahnesauce übergießen. Als Beilage können Milchbrioches serviert werden.

Erdbeer-Johannisbeer-Gelee
mit Muskateller und Szechuan-Pfeffer

ASPIC DE FRAISES ET DE GROSEILLES AU MOSCATO D'ASTI ET POIVRE DE SÉCHUAN

1 g Szechuan-Pfeffer

3 Blatt Gelatine

250 ml Moscato d'Asti (Muskatellerwein)

250 ml Wasser

150 g Zucker

20 schöne Erdbeeren

10 Rispen rote Johannisbeeren

8 kleine Rispen weiße Johannisbeeren

Die Gelatine in kaltem Wasser einweichen. Das Wasser mit dem Zucker zum Kochen bringen. Dann die eingeweichte Gelatine und den Pfeffer hinzufügen. Den Sirup mit dem Muskateller vermischen. Beiseite stellen.

Die geputzten und in Scheiben geschnittenen Erdbeeren mit den roten Johannisbeeren in eine Tasse geben. Das lauwarme Gelee über die Früchte gießen und 5 bis 6 Stunden im Kühlschrank erkalten lassen. Dann das Gelee kurz mit lauwarmem Wasser lösen und auf einen Teller stürzen.

Anrichten:

Das Gelee mit ein paar Erdbeeren und weißen Johannisbeeren anrichten.

Hinweis:

Das Gelee kann mit einem Coulis aus roten Früchten serviert werden.

Kandierte Rosenblütenblätter mit Rosengranité

GRANITÉ À LA FLEUR DE ROSE

Saft von 1/2 Zitrone
100 ml Wasser
100 ml Zuckersirup
130 g ungespritzte Rosenblütenblätter
1 Eiweiß
20 g Kristallzucker

Zuckersirup:
250 ml Wasser
150 g Zucker

16 Rosenblätter beiseite legen. Die übrigen etwa 45 Minuten bei geschlossenem Deckel in 100 ml kochendem Wasser marinieren lassen, dann durch ein Sieb abgießen. Den Rosenaufguß mit dem Zitronensaft und dem Sirup mischen und frieren lassen.

Das Eiweiß mit dem Schneebesen aufschlagen. Die Rosenblätter zuerst in dem verschlagenen Eiweiß, dann in Zucker wenden. Anschließend 1 1/2 Stunden im Freien trocknen lassen.

Zuckersirup:
Das Wasser mit dem Zucker 3 Minuten kochen. Sobald sich Bläschen bilden, eventuelle Verunreinigungen von der Oberfläche abschöpfen. Durch ein Sieb gießen und aufbewahren. Die so erhaltene Menge beträgt etwa 400 ml.

Anrichten:
Granité mit einem Löffel abkratzen. Einen kleinen Berg Granité in die Mitte der Löffel geben und 2 kandierte Rosenblätter darauf legen.

In Sancerre pochierte Birne und Weingelee

POIRE POCHÉ AU SANCERRE BLANC ET JUS D'AGRUMES

8 kleine Birnen (»Passe Crassane«)
1 l Wasser
1/2 l Sancerre
60 ml Zitronensaft
50 ml Orangensaft
500 g Zucker
1/4 Zimtstange
10 Pfefferkörner
6 Gewürznelken
1 Blatt weiße Gelatine
1 g Safranfäden

Karamel:
50 g Puderzucker
5 g Traubenzucker
15 ml Wasser

Die Birnen in einer Mischung aus Wasser, Wein, Zitronen- und Orangensaft mit Zucker, Zimt, Pfeffer und Gewürznelken bei geringer Hitze eine 3/4 Stunde pochieren. Die Birnen in der Pochierflüssigkeit erkalten lassen. Anschließend die Früchte herausnehmen, halbieren und das Kerngehäuse entfernen.

Die Gelatine in kaltem Wasser 10 Minuten einweichen. Die Pochierflüssigkeit auf 20 ml einkochen. Dann die Gelatine in ihr auflösen. Durch ein feines Sieb gießen und im Kühlschrank erstarren lassen. Aus dem Puderzucker, dem Traubenzucker und dem Wasser einen hellen Karamel zubereiten.
Die Außenseite eines Löffels leicht mit Öl bestreichen. Den Löffel in den Karamel tauchen. Nach dem Erstarren den Karamel lösen.

Anrichten:
Die Birnen in feine Scheiben schneiden. Den Karamel auf die Löffel legen. Die Birnen darauf anrichten. Mit Weingelee bedecken und einigen Safranfäden bestreuen.

Schokoladenravioli mit Mandelmilch und Schokoladenspänen

RAVIOLIS DE CHOCOLAT AU LAIT D'AMANDES ET COPEAUX DE CHOCOLAT NOIR

Für 8 Löffel

Für die Schokoladencanache:
50 g dunkle Schokolade
50 ml Sahne

Für die Mandelmilch:
100 ml Milch
50 g gemahlene Mandeln
1/4 Bourbon -Vanilleschote
1/2 Pfefferminzzweig

Für den Ravioliteig:
150 g Weizenmehl
30 g Kakaopulver
2 Eier
150 ml Milch
150 ml Wasser

50 g dunkle Schokolade
8 Blätter Pfefferminze

Der Ravioliteig:

Mehl und Kakaopulver in eine Schüssel sieben und die Eier hinzufügen. Einen homogenen Teig zubereiten und diesen 1/2 Stunde im Kühlschrank ruhen lassen.

Die Canache:

Die Sahne aufkochen und vom Herd nehmen. Die Schokolade mit einem Spatel vorsichtig unterrühren. In den Kühlschrank stellen.

Die Mandelmilch:

Die Milch mit den Mandeln und der Vanilleschote aufkochen, eine 1/2 Minute mit den Pfefferminzblättern ausziehen lassen und durch ein Sieb gießen.

Den Ravioliteig sehr dünn ausrollen und in Dreiecke schneiden. Nußgroß Canache in die Mitte legen, die Ränder mit Wasser bestreichen und den Teig zu Dreiecken zusammenfalten. In einer Mischung aus Wasser und Milch 3-4 Minuten garen. Auf Küchenpapier abtropfen lassen.

Die Schokoladenspäne:

Die Schokolade im Wasserbad schmelzen. Dann möglichst dünn auf eine glatte Fläche (Marmor) streichen und Späne hobeln, sobald die Schokolade zu erhärten beginnt.

Anrichten:

Die warmen Ravioli auf Tellern anrichten. Etwas Mandelmilch an die Seiten gießen. Mit Schokoladenspänen und einem Pfefferminzblatt garnieren.

Schokoladenbeignets mit Aprikosenpüree

BEIGNETS AU CHOCOLAT AVEC UN COULIS D'ABRICOTS

Für die Canache:

100 ml Sahne

250 g fein geraspelte Schokolade

50 g Butter

Für den Ausbackteig:

125 g Weizenmehl

25 g Kakaopulver

2,5 g Salz

25 g Zucker

1 Ei

25 g zerlassene Butter

125 ml Champagner

Für das Aprikosenpüree (100 ml):

150 g Aprikosen

60 g Zucker

50 ml Wasser

Saft von 1/2 Zitrone

Die Canache:

Die Sahne erhitzen und über die Schokolade geben. Gut verrühren. Die Butter (Zimmertemperatur) unter ständigem Rühren hinzufügen. Bis zum völligen Erkalten weiterrühren.

Der Teig:

Mehl und Kakaopulver sieben. Mit Salz, Zucker, Ei und Champagner verrühren. Zum Schluß die zerlassene Butter hinzugeben.

Das Aprikosenpüree:

Die Zutaten bei geringer Hitze 5 Minuten köcheln lassen. Dann durch ein feines Sieb streichen.

Aus der erkalteten Canache kleine Rollen (2 cm Durchmesser, 3 cm lang) formen und diese ins Gefrierfach legen.

Die kalten Rollen in den Teig tauchen und in Öl bei 180 °C etwa 3 Minuten ausbacken.

Die Beignets 3 Minuten im Backofen bei 220 °C erwärmen.

Anrichten:

Die Beignets in die Mitte der Teller legen. Mit dem Aprikosenpüree umgießen.

Hinweis:

Das Erwärmen der Beignets ist notwendig, da die Canache gefroren ist.

186

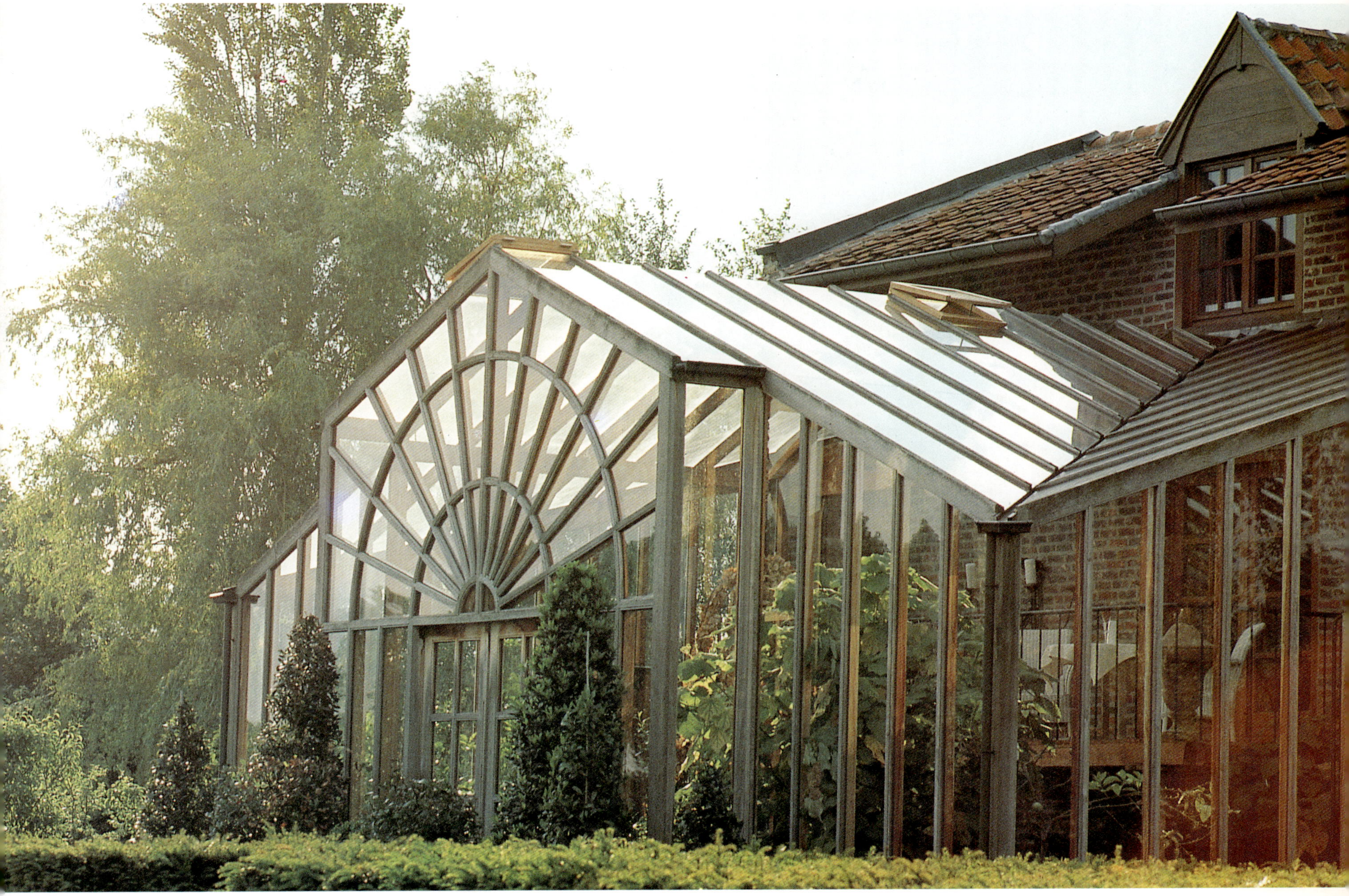

GRUNDREZEPTE

Leichter Geflügel- und Kalbsfond

Zutaten für etwa 3 Liter

1/2 kg Geflügelknochen
1 Kalbsfuß oder 1 in Stücke geschnittene Kalbshaxe
1 Möhre
1/2 Stange Lauch
1 Stange Staudensellerie
1/2 Zwiebel
1 Gewürznelke
2 Lorbeerblätter
1 kleiner Thymianzweig
10 Pfefferkörner
2-3 Petersilienzweige
1/4 Knoblauchzehe
4 l kaltes Wasser
Eiweiß

Das Gemüse putzen, waschen und in kleine Stücke schneiden. Die Knochen und den Kalbsfuß unter fließendem kaltem Wasser abspülen. Mit dem Wasser in einen großen Topf geben und 30 Minuten kochen lassen. Dabei regelmäßig abschäumen. Dann das Gemüse und die Gewürze hinzugeben und 1 bis 1 1/2 Stunden bei geringer Hitze kochen lassen. Währenddessen weiterhin regelmäßig abschäumen und entfetten. Zum Schluß etwas salzen. Den Fond durch ein Sieb oder feines Tuch gießen.

Das Gemüse waschen und in Stücke schneiden. Alle Zutaten gut mit dem Eiweiß mischen und verschlagen. Das Eiweiß muß gut gestreckt werden.

Den Fond in einen großen Topf geben und aufkochen lassen. Die Eiweißmasse hinzufügen, verrühren und etwa 1 Stunde köcheln lassen. Die Flüssigkeit durch ein feines Sieb gießen. Den Fond nach dem Abkühlen vorsichtig entfetten. Das Fett sollte auf der Oberfläche erstarrt sein und sich leicht abheben lassen.

GRUNDREZEPTE

Kalbsfond

5 kg Kalbsknochen

2 Möhren

1/4 Knollensellerie

1 Zwiebel

3 Schalotten

3 Lorbeerblätter

1 Thymianzweig

2 Knoblauchzehen

2-3 Petersilienstengel

1 EL Tomatenpüree

5 frische Tomaten

Die Kalbsknochen zerhacken. Den Backofen auf 250 °C vorheizen. Die Knochen in der Fettfangschale in den Backofen schieben und von allen Seiten etwa 20 Minuten bräunen lassen.

Das Gemüse putzen, waschen und in Stücke schneiden, zu den Knochen geben und weitere 25 Minuten bräunen lassen. Das Tomatenpüree und die kleingeschnittenen Tomaten hinzufügen. Das Ganze im Backofen lassen, bis alles eine schöne braune Farbe angenommen hat.

Die Knochen und das Gemüse aus dem Backofen nehmen und in einen großen Topf legen. Den Topf mit Wasser auffüllen, bis die Knochen bedeckt sind, und einige Stunden köcheln lassen. Regelmäßig abschäumen und erneut Wasser hinzufügen, wenn die Flüssigkeit zu stark eingekocht ist. Nach etwa 10 Stunden die Brühe durch ein feuchtes Tuch oder ein feines Sieb gießen. Der Fond ist stark reduziert.

GRUNDREZEPTE

Fischfumet

Fumet de poisson

3 kg Gräten und Reststücke von Seezunge und Steinbutt
1 Zwiebel
das Weiße von 1 Lauchstange
1/2 Selleriestange
1 Schalotte
4 Lorbeerblätter
10 weiße Pfefferkörner
1 Knoblauchzehe
6 l Wasser

Die Fischgräten und -reste gründlich in kaltem Wasser waschen und kleinhacken. Mit dem Wasser in eine Kasserolle geben, aufkochen und gut abschäumen. Das geputzte und in 2 cm große Stücke geschnittene Gemüse, Knoblauch, Lorbeerblätter und Pfeffer hinzufügen.
Etwa 50 Minuten bei sehr geringer Hitze köcheln lassen. Dabei regelmäßig den Schaum abschöpfen. Anschließend durch ein feines Sieb gießen.

Hinweis:
Je nach Verwendungszweck kann das Fumet mit Wein oder Kräutern versetzt werden.

Gemüsebouillon

Jus de légumes

5 l Wasser
3 Lauchstangen
2 große Tomaten
2 Selleriestangen
1 Zwiebel
1 kleine Schalotte
1 kleine Knoblauchzehe
5 Lorbeerblätter
2 Thymianzweige
1/4 Sternanis
15 g weißer Pfeffer
1 Gewürznelke
4 Wacholderbeeren
10 g Salz
1 TL Zitronensaft

3 Petersilienzweige
3 Estragonzweige
2 Basilikumzweige
2 Zitronenmelissenzweige

Alle Zutaten 30 Minuten bei sehr geringer Hitze köcheln lassen. Dann die Kräuter hinzufügen und weitere 10 Minuten bei gleicher Temperatur ziehen lassen, so daß die Bouillon nicht die Frische der Gemüse- und Kräuteraromen verliert. Durch ein feines Sieb gießen.

Lammfond

Jus d'agneau

2 kg Lammknochen
1 Möhre
1 Selleriestange
2 Schalotten
1 Knoblauchzehe
1 Rosmarinzweig
4 Lorbeerblätter
2 Thymianzweige
2 g schwarzer Pfeffer
2 Salbeiblätter
5 l Wasser
5 frische Tomaten

Die Knochen zerkleinern und im Ofen bei 250 °C anbräunen. Das geputzte, kleingeschnittene Gemüse, die Kräuter und die frischen Tomaten hinzufügen. Das Ganze Farbe annehmen lassen, aus dem Ofen nehmen und entfetten.
Dann die Zutaten in eine Kasserolle geben, mit dem Wasser angießen und 1 Stunde bei sehr geringer Hitze köcheln lassen. Für einen klaren und leichten Fond regelmäßig abschäumen und entfetten. Anschließend durch ein feines Sieb gießen.
Hinweis:
Durch weiteres Reduzieren kann aus dem Fond ein Jus zubereitet werden.

GRUNDREZEPTE

Rinderbrühe

CONSOMMÉ DE BOEUF

1 kg Hochrippe

1 kg zerkleinerte Rinderknochen

6 l Wasser

1 Möhre

1 Lauchstange

1 Selleriestange

1 Zwiebel

4 Lorbeerblätter

2 Thymianzweige

1 Knoblauchzehe

10 schwarze Pfefferkörner

2 Gewürznelken

6 Wacholderbeeren

4 Salbeiblätter

4 kleine Rosmarinzweige

10 g Salz

Die Knochen und das Fleisch in das kalte Wasser geben, aufkochen, 5 Minuten lang regelmäßig abschäumen und entfetten. Das gewaschene und kleingeschnittene Gemüse sowie die Gewürze hinzufügen. Etwa 2 Stunden bei sehr geringer Hitze köcheln lassen, dabei regelmäßig abschäumen. Durch ein feines Sieb gießen.

Das Fleisch kann mit Gemüse und einer Vinaigrette als Salat serviert werden.

Klare Rinderconsommé

400 g mageres Rinderhack

300 kleingeschnittene Möhren, Sellerie und Lauch

5 frische Tomaten

1 TL Tomatenpüree

2 Lorbeerblätter

10 steifgeschlagene Eiweiß

Alle Zutaten gut vermischen und unter kräftigem Rühren zu der warmen Rinderbrühe geben. 20 Minuten am Herdrand bei sehr geringer Hitze köcheln lassen. Durch ein feuchtes Tuch gießen.

GRUNDREZEPTE

Vinaigrettes

Rotweinvinaigrette

15 g Schalotten
1/2 Knoblauchzehe
2 EL Rotweinessig
1 TL Aceto Balsamico
100 ml Bordeaux Rotwein
Saft von 1 Limette
1/2 g frisch gemahlener Pfeffer
1/2 g Salz
80 ml Olivenöl
30 ml Sonnenblumenöl
10 ml Haselnußöl

Die Schalotten und die Knoblauchzehe abziehen und hacken. Mit Rotwein, Rotweinessig, Aceto Balsamico und Limettensaft 5 Minuten einkochen lassen. Das Öl hinzufügen, mit Salz und Pfeffer würzen, kurz aufkochen lassen, abschäumen und dann abkühlen lassen.

Hinweis: *Alle Essigsaucen können im voraus zubereitet und im Kühlschrank aufbewahrt werden. Vor der Verwendung gut umrühren und dann vorsichtig auf etwa 50 °C erwärmen. Die Saucen sollten lauwarm serviert werden.*

Rote-Bete-Vinaigrette

20 g Schalotten
1 kleine Knoblauchzehe
60 g bißfest gekochte rote Bete, in 2 mm große Würfel geschnitten
1 TL Honig
200 ml Kalbsjus
50 ml Kochflüssigkeit von der roten Bete
1 1/2 EL Rotweinessig
Saft von 1 Limette
1/2 g gemahlene Nelken
1/2 g gemahlener schwarzer Pfeffer
1/2 g Salz
100 ml Olivenöl
50 ml Sonnenblumenöl

Die Schalotten und die Knoblauchzehe abziehen und hacken. Mit rote Bete, Honig, Kalbsjus, Rote-Bete-Saft, Rotweinessig, Limettensaft, Nelkenpulver, Pfeffer und Salz 5 Minuten kochen lassen. Die Öle hinzufügen, aufkochen lassen und abschäumen.

Trüffelvinaigrette

40 g Trüffeln
20 g Schalotten
1 kleine Knoblauchzehe
70 ml Kalbsjus
1 EL Portwein
1 EL Madeira
2 EL Aceto Balsamico
1 EL Trüffelsaft
1/2 g schwarzer Pfeffer
1/2 g Salz
30 ml Trüffelöl
20 ml Walnußöl
100 ml Olivenöl

Die Schalotten und den Knoblauch abziehen und hacken. Die Trüffeln in Julienne schneiden oder hacken. Mit Kalbsjus, Portwein, Madeira, Aceto Balsamico, Trüffelsaft, Pfeffer und Salz 5 Minuten kochen lassen. Die Öle hinzufügen, aufkochen lassen und abschäumen.

GRUNDREZEPTE

Nußvinaigrette

20 g Schalotten
1/2 Knoblauchzehe
80 ml Kalbsjus
1 EL Sherryessig
1 EL Aceto Balsamico
2 EL Walnußlikör
1/2 g Pfeffer
1/2 g Salz
20 ml Walnußöl
10 ml Haselnußöl
10 ml Mandelöl
20 ml Erdnußöl
80 ml Olivenöl

15 g gehackte Walnußkerne
15 g gehackte Haselnußkerne
15 g abgezogene, gehackte Mandeln
15 g gehackte Erdnüsse

Die Schalotten und den Knoblauch abziehen und hacken. Mit den Nüssen, Kalbsjus, Sherryessig, Aceto Balsamico, Walnußlikör, Pfeffer und Salz 5 Minuten kochen lassen. Die Öle hinzufügen, aufkochen lassen und abschäumen.

Sherryvinaigrette

25 g Schalotten
1/2 Knoblauchzehe
70 ml Kalbsjus
1 EL Sherryessig
1/2 EL Aceto Balsamico
2 EL trockener Sherry
Saft von 1/2 Limette
1/2 g gemahlene Vier-Pfeffer-Mischung
1/2 g Salz
20 ml Walnußöl
120 ml Olivenöl (extra virgine)

Die Schalotten und den Knoblauch abziehen und hacken. Mit Kalbsjus, Sherryessig, Aceto Balsamico, Sherry, Limettensaft, Pfeffer und Salz 5 Minuten kochen lassen. Die Öle hinzufügen, aufkochen lassen und abschäumen.

Weißweinvinaigrette

20 g Schalotten
1 Knoblauchzehe
100 ml Hühnerfond
2 EL Weißweinessig
Saft von 1 Limette
2 g Akazienhonig
1/2 g gemahlener weißer Pfeffer
1/2 g Salz
20 ml Mandelöl
130 ml Olivenöl

Die Schalotten und den Knoblauch abziehen und hacken. Mit Hühnerfond, Weißweinessig, Limettensaft, Honig, Pfeffer und Salz 5 Minuten kochen lassen. Die Öle hinzufügen, aufkochen lassen und abschäumen.

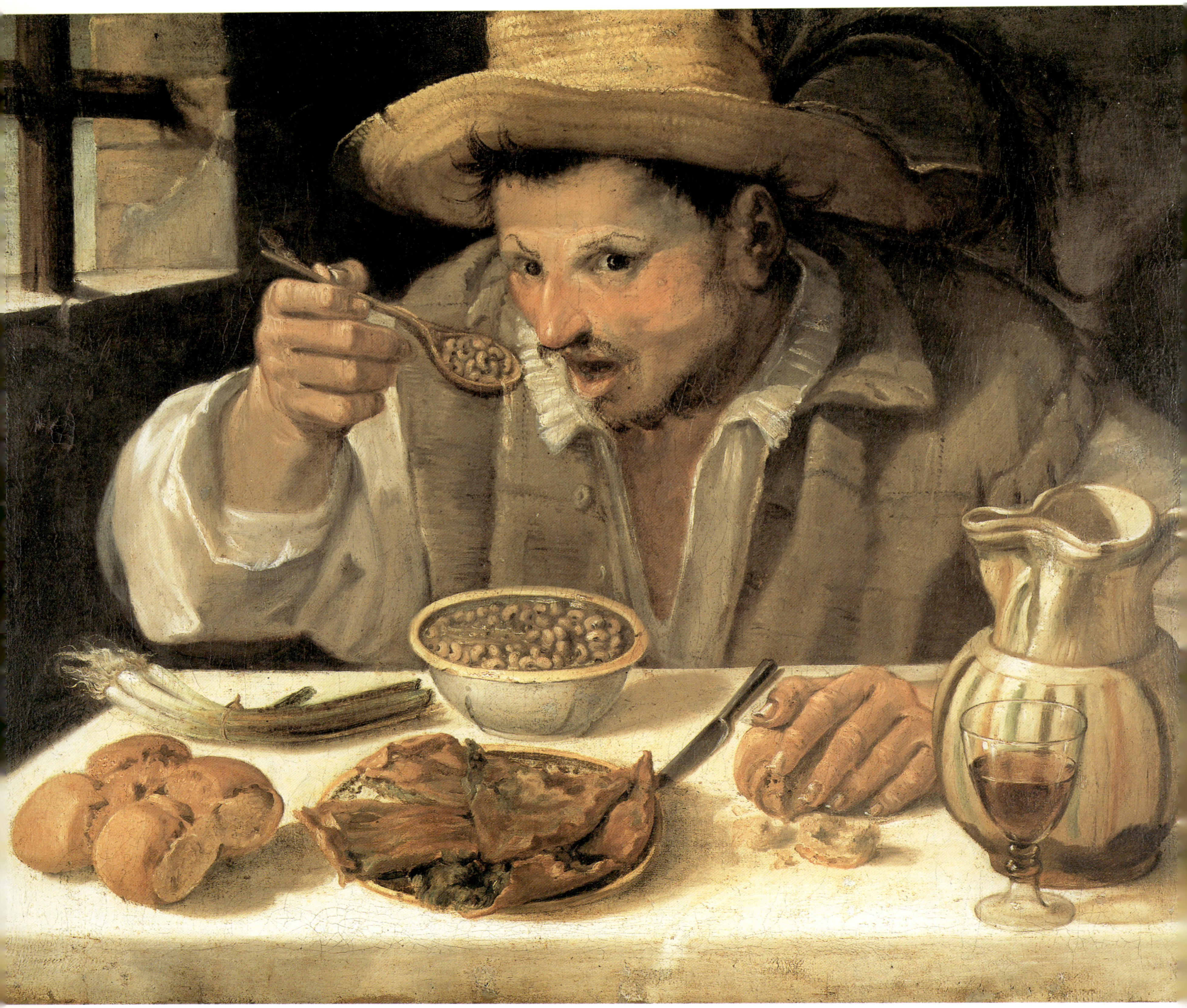

GRUNDREZEPTE

Trockene Blätter

Trockene Kohlblätter

Schöne Kohlblätter aussuchen, abspülen und 5 Minuten in kochendem Salzwasser blanchieren. Mit einem Küchentuch abtrocknen und mit geschmolzener Butter bestreichen. Zwei Stunden auf dem Rost bei 100 °C in den Backofen legen. Die Kohlblätter müssen durchscheinend und knusprig sein.

Kartoffeln

Kartoffeln schälen und in ganz feine Scheiben schneiden oder hobeln. Sonnenblumenöl in einer Friteuse auf etwa 160 °C erhitzen, die Kartoffelscheiben darin fritieren, auf Küchenpapier abtropfen lassen und mit Pfeffer und Salz würzen.

Basilikumblätter

Schöne Basilikumblätter aussuchen, abspülen und gut abtrocknen. Sonnenblumenöl in einer Friteuse auf etwa 160 °C erhitzen, die Basilikumblätter darin fritieren, auf Küchenpapier abtropfen lassen und mit Pfeffer und Salz würzen.

Lauchblätter

Schöne Lauchstangen aussuchen. Nur die äußeren Blätter verwenden. Die Blätter abspülen, drei Minuten in kochendem Salzwasser blanchieren und mit Küchenpapier gut abtrocknen. Mit geschmolzener Butter bestreichen. Dann im Backofen auf dem Rost bei 120 °C zwei Stunden trocknen lassen.

Rote Bete

Rote Bete schälen und in ganz feine Scheiben schneiden oder hobeln. Ein Eiweiß mit dem Schneebesen aufschlagen, die Scheiben darin wenden, auf ein mit Backpapier belegtes Blech legen und im Backofen bei 70 °C eine Stunde trocknen lassen.

Spinat

Schöne Spinatblätter aussuchen und möglichst ganz lassen. Sonnenblumenöl in einer Friteuse auf 160 °C erhitzen und die Spinatblätter darin fritieren. Auf Küchenpapier abtropfen lassen. Mit Pfeffer und Salz würzen.

Die Besteckmanufakturen

[1] Wilkens Bremer Silberwaren GmbH

Bremen

[2] Wellner Bestecke und Silberwaren GmbH

Aue

[3/5] Christofle

Paris

[4] Gebr. Reiner

Krumbach

[5] Robbe & Berking

Flensburg

[6] Württ. Metallwarenfabrik AG

Geislingen/Steige

[7] Koch & Bergfeld GmbH

Bremen

BILDNACHWEIS DER GEMÄLDE

Hieronymus Bosch (um 1450-1516), Der verlorene Sohn, Rotterdam, Museum Boymans-van Beuningen, S.6

Peter Horemans zugeschrieben, Bauernjunge mit Korb voller Löffel, 18. Jahrhundert, Solingen, Deutsches Klingenmuseum, S. 28

Jacob Jordaens (1593-1678), Der Satyr beim Bauern, Kassel, Staatliche Museen, S. 31.

Jean-Baptiste Charpentier, Der Herzog von Penthievre und seine Familie oder Die Tasse Kakao (Ausschnitt), 1768, Château de Versailles, S. 33

Gerard David (um 1460-1523), Suppenmadonna, Brüssel, Musées Royaux des Beaux-Arts, S. 34

Pieter Bruegel d.Ä.(um 1525-1569), Bauernhochzeit (Ausschnitt), Wien, Kunsthistorisches Museum, S. 36/37

Pieter Bruegel d.Ä.(um 1525-1569), Bauerntanz (Ausschnitt), Wien, Kunsthistorisches Museum, S. 38/39

Jacob Jordaens, Das bäuerliche Mahl, um 1650, Berlin, Preussischer Kulturbesitz, S. 42

Wolfgang Heimbach, Kücheninterieur (Ausschnitt), 1648, Nürnberg, Germanisches Nationalmuseum, S. 46

Claude Monet, Das Frühstück (Ausschnitt), 1868, Frankfurt, Städelsches Kunstinstitut, S. 49

Anonym, Karges Mahl, 17. Jahrhundert, Norditalien, Gent, Museum für Schöne Künste, S. 61

Norditalien, Das Abendessen, 17. Jahrhundert, Gent, Museum voor Schone Kunsten, S. 151

Unbekannt, Ohne Titel, um 1860, Ecole Bordelaise, S. 168

Annibale Caracci (1560-1609), Der Bohnenesser, Rom, Galleria Colonna, S. 195

Jörg Breu d. Ä., Frühling (Ausschnitt), 1531, Berlin, Deutsches Historisches Museum, S. 200./201

Register Rezepte

Langustinen mit Orangenschale, Froschschenkeln und Knoblauchsahne	53
Langustinen im Lauchkleid, geröstet in Trüffel- und Portulaköl	54
Langustinen mit Curry	56
Ragout von Flußkrebsen mit Knoblauch, Artischocken und Oliven	59
Gebratene Jakobsmuscheln mit Szechuan-Peffer in Butter-Joghurt-Sauce	60
Sautierte Jakobsmuscheln mit grobem Meersalz und Creme mit Trockenfrüchten	62
Jakobsmuschelsalat mit Orangen	64
Curry-Sauerampfer-Austern	66
Austern mit Schalottenchutney	70
Lachsforelle mit Salzbutter, Holunderbeeren und Majoransirup	72
Terrine von Bücking und Kartoffeln mit Kaviarcreme, Meerettich und Portulak	74
Thunfisch in Kräuterkruste mit Trüffelvinaigrette und getrocknetem Lauch	76
Hummerpolenta mit Fenchelcreme	78
Steinbutt „Mozart"	80
Steinbutt mit Lavendel	84
Seebarschrouladen mit Lachstatar gefüllt	86
Seezungenfilets mit Rhabarber	88
Roter Knurrhahn und Langustinen in Kartoffelkruste mit Auberginenkaviar und Mimosenöl	90
Roulade aus Lachs, Seebarsch und Algen mit Kräutervinaigrette	92
Aromatischer Salat mit Artischocken und Taubenfilets	94
Süßsaure Kirschtomaten mit Basilikum und Räucheraal	98
Rote Bete- und Trüffelsalat	100
Avocadomousse mit Tomatengelee und gerösteten Mandeln	102
Getrüffelte Weiße-Bohnen-Suppe	104
Kalte Nudeln, Garnelen und trockene Tomaten	106
Pfannkuchen mit Kopfsalat und Topinambur, Frühlingszwiebeln mit Honig und Taubenspießchen	108
Rührei mit Trüffeln	113
Kräuterbeignets mit Brennesselgranité	114
Spargel mit Blumenkohlcreme und fritierten Rote-Bete-Scheiben	116
Spargelcreme mit Kaviar	118
Pochierte Wachteleier mit Safran und Blinis mit Schnittlauch	120
Sautierter Chicorée mit roher Gänseleber	122
Pochierte Gänseleber mit Lorbeer, Auberginencreme mit grünen Erbsen	126
Ganze Morcheln mit Geflügel und Gänseleber gefüllt Trüffel mit Champagner und Gänseleber	128

REGISTER REZEPTE

Kalbsfilet, Kalbsbries und Kalbsnieren gedünstet	132
Ragout von Kalbsbries mit Kardone, Trüffeln und getrocknetem Schinken	134
Kalbsbries mit Rosmarin im Kohlblatt	136
Mit Honig karamelisiertes Lammfilet „Pauillac" mit Pinienkernen und Gemüsespaghetti	140
Lammzungen mit Curry und Bananen	142
Ochsenschwanzravioli	144
Rinderfilet mit Lauch und Speck und Montbazillacgelee mit Kerbel	146
Schweinefuß mit Kardamom	148
Blutwurst-Mousse mit halb getrockneten weißen Trauben, Pastinaksauce und wildem Anis	150
Geflügelbürzel mit Selleriestreifen und Armen Rittern aus Nußbrot	154
Brustfilet vom Bressehuhn mit weißem Rum und Vanille, Sauce aus roten Zwiebeln und fritierten Spinatblättern	156
Wildtaubenfilets und Sauerkirschkompott mit Zimt	158
Gebratenes Wildentenfilet mit Maipilzsalat	160
Gefüllter Kaninchenrücken mit Langustinen	162
Langustenscheibchen „Eugénie", Tomatenconfit in vanillisiertem Olivenöl	164
Gebratene Gänseleberscheibe „Walda" auf Ananastörtchen mit Banyuls-Wein und Curry-Blüten	166
Kalte Gemüseratatouille	169
Kirschsuppe mit Pfefferminze und Kirschsorbet	170
In Olivenöl marinierter Reblochon mit geriebenem Pfefferkuchen, Roggenbrot mit Kichererbsensuppe	174
Lauwarmer Saint-Marcellin, Birnenkompott mit Cashewkernen, mit Zitrone und Ananassalbei parfümierte Sahnesauce	175
Erdbeer-Johannisbeer-Gelee mit Muskateller und Szechuan-Pfeffer	176
Kandierte Rosenblütenblätter mit Rosengranité	178
In Sancerre pochierte Birne und Weingelee	180
Schokoladenravioli mit Mandelmilch und Schokoladenspänen	182
Schokoladenbeignets mit Aprikosenpüree	184
Leichter Geflügel- und Kalbsfond	188
Kalbsfond	189
Grundrezepte	190
Vinaigrettes	192
Getrocknete Blätter	195

200

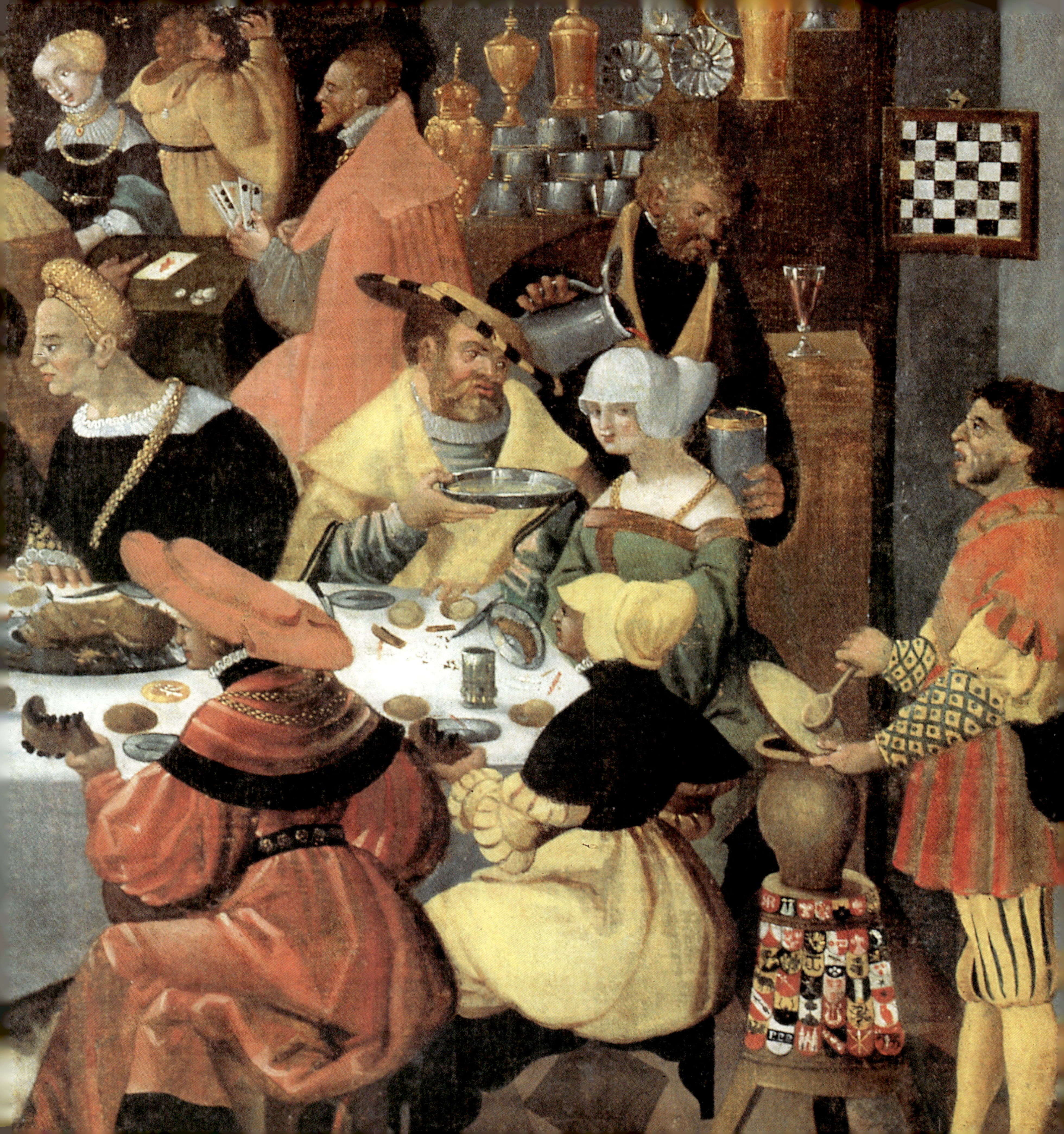

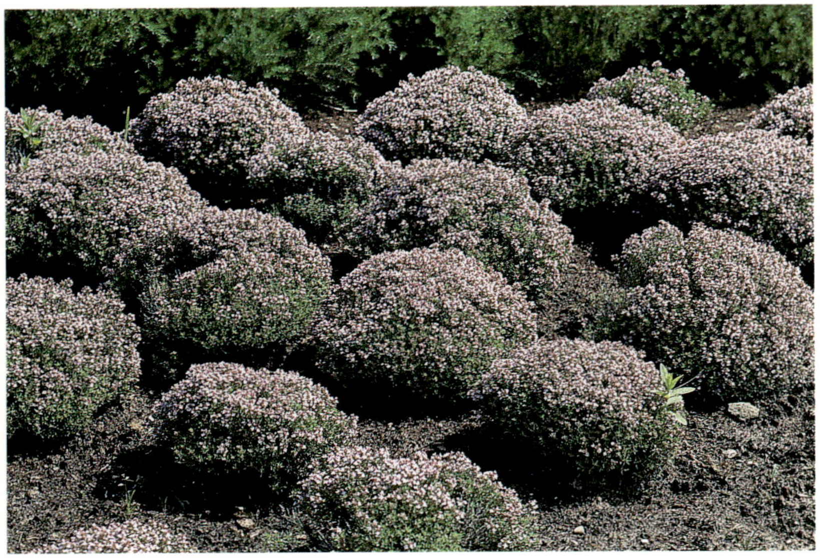

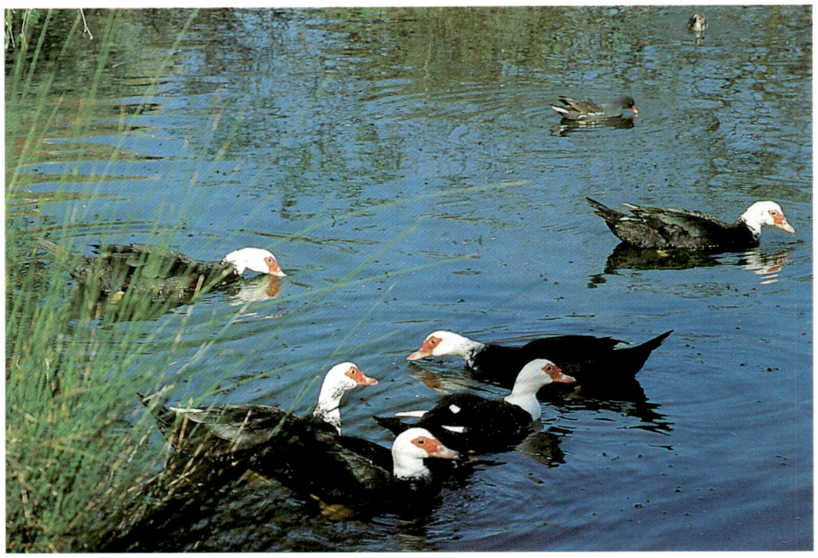

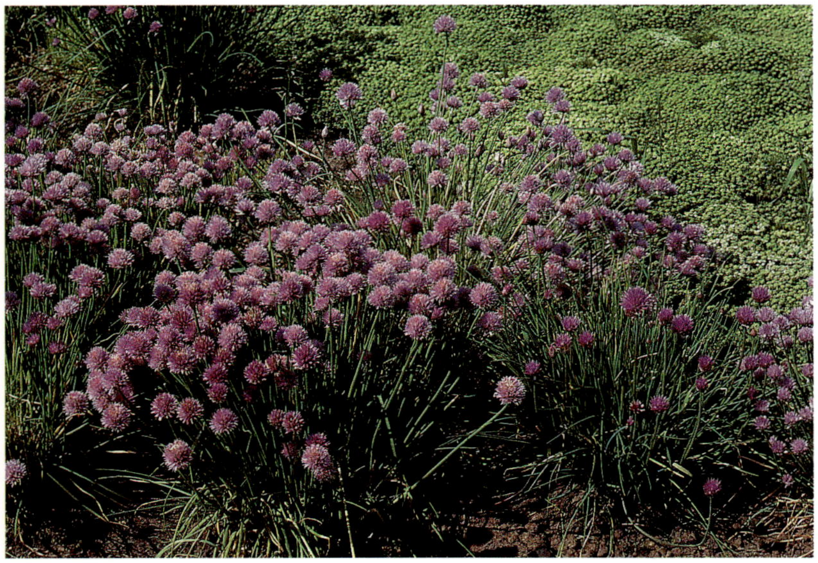

203

Dank an die Mitarbeiter

Christian Souvereyns
Meyitte Boughenout
allen Mitarbeitern in der Küche
und dem ganzen Team des Scholtshof

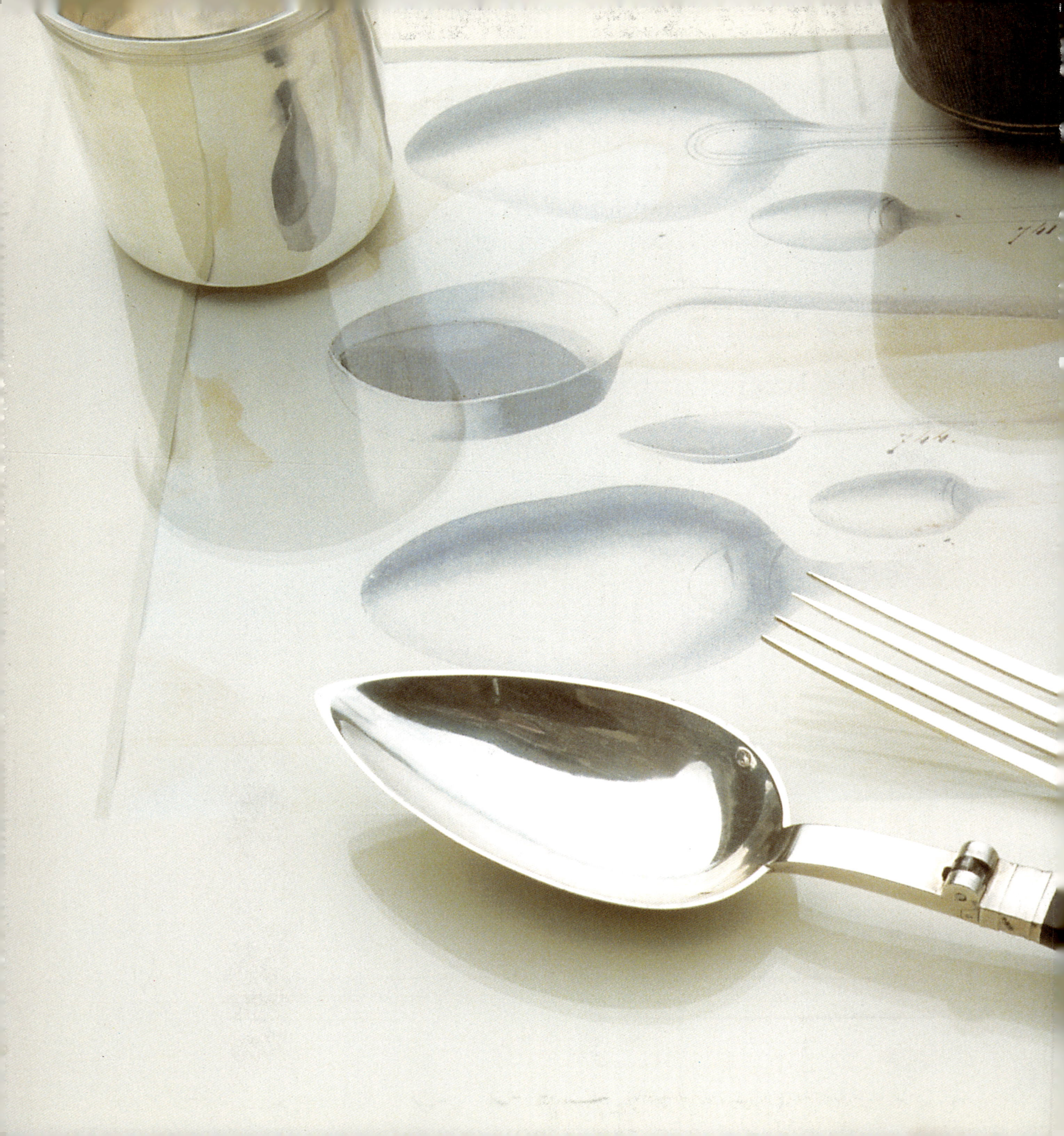